자비와 사랑의 혁명

WALTER KARDINAL KASPER
PAPST FRANZISKUS - Revolution der Zärtlichkeit und der Liebe

© 2015 Verlag Katholisches Bibelwerk GmbH, Stuttgart
All rights reserved.

Translated by Yoon Sun-Ah
Korean translation copyright © 2017 by Benedict Press, Waegwan, Korea.

This Korean edition is published by arrangement Verlag Katholisches Bibelwerk GmbH, Stuttgart, Germany.

자비와 사랑의 혁명
교황 프란치스코의 신학과 영성의 뿌리

2017년 3월 24일 교회 인가
2017년 4월 27일 초판 1쇄
2018년 3월 8일 초판 2쇄

지은이	발터 카스퍼
옮긴이	윤선아
펴낸곳	성 베네딕도회 왜관수도원 ⓒ 분도출판사
찍은곳	분도인쇄소

등록	1962년 5월 7일 라15호
주소	04606 서울시 중구 장충단로 188 분도빌딩 102호(분도출판사)
	39889 경북 칠곡군 왜관읍 관문로 61(분도인쇄소)
전화	02-2266-3605(분도출판사)·054-970-2400(분도인쇄소)
팩스	02-2271-3605(분도출판사)·054-971-0179(분도인쇄소)
홈페이지	www.bundobook.co.kr

ISBN 978-89-419-1706-9 03230

이 책의 한국어판 저작권은 Verlag Katholisches Bibelwerk GmbH와 독점 계약한 분도출판사에 있습니다.
저작권법에 의해 한국 내에서 보호를 받는 저작물이므로 무단 전재와 무단 복제를 금합니다.

Pope Francis

자비와 사랑의 혁명

교황 프란치스코의 신학과 영성의 뿌리

발터 카스퍼 글
윤선아 옮김

분도출판사

차례

1. 우리를 깜짝 놀라게 하는 교황　7
2. 연속성과 개혁 — 재가 아니라 타는 불　21
3. 신학사적 분류 — 아르헨티나와 유럽에 놓인 뿌리　29
4. 기쁨의 근원이며 바탕이고 원천인 복음　41
5. 자비 — 교황직의 핵심어　53
6. 하느님 백성 교회론의 구체적 실천　63
7. 교회 개혁의 전망　79
8. 교회일치운동의 전망　89
9. 종교 간 대화를 새롭게 강조하다　103
10. 가난한 이들을 위한 가난한 교회　107
11. 오늘날 세상의 도전들　117
12. 유럽이여, 그대의 이상은 어디에 있는가?　131
전망: 복음의 기쁨과 희망　141

　약어　149
　주　151
　성경 색인　171
　후기　173

1
우리를 깜짝 놀라게 하는 교황

호르헤 마리오 베르골료 추기경이 로마 주교로, 그럼으로써 가톨릭교회 전체를 이끄는 목자로 선출된 것은 놀라운 일이었다. 이미 2013년 2월 11일, 교황 베네딕도 16세의 사임 선언이 마른하늘에 날벼락 같은 일이었다. 당시 아무도 교황의 사임을 예상하지 못했다. 가톨릭 신자 대부분이, 또한 많은 비가톨릭 신자가 교황의 사임 선언에 일단 말문이 막혔으며 어떤 이들은 어찌할 바를 몰라 했다. 하지만 곧 이런 당황스러움은 사라지고 그 자리에 교황직 사임이 용감하고 대범하며 겸허한 행동으로서 사람들의 존경을 받아 마땅한 결정이라는 통찰이 자리 잡게 되었다.[1] 어떤 이들은 베네딕도 교황의 이 결정으로 인해 교황직이 손상될 것이라고 우려했지만 오히려 그 반대였다. 교황직은 그 전보다 더 인간적이 되었고 무엇보다도 더 영적이 되었다. 그와 동시에 결코 단순하지 않았던 교황의 역사에 또 하나의 새로운 문이 열리게 되었다. 교황의 사임은 교회법에 규정되어 있는 가능성이었다. 그런데 이 가능성이 근대 교회사에서 처음으로 현실이 되었다. 지금까지 단 한 번도 없었던 상황이 발생한 것이다.

이 새로운 상황은 가톨릭교회와 로마 교황청이 위기에 처해 있을 때 일어났다. 바티리크스Vatileaks, 즉 교황의 책상에서 도난당한 문서들이 공개되었고 무엇보다 이른바 바티칸은행(정식 명칭은 종교사업기구Istituto per le Opere di Religione, IOR)의 불법적 자금 운용 혐의가 드러났다. 바티리크스는 교황청 기관의 많은 일이 더 이상 그 전과 같은 방식으로 그리고 기대했던 방식으로 작동하지 않음을 보여 준다.[2] 하지만 위기의 징후는 로마 교황청 내부보다 더 깊숙한 곳에 닿아 있었다. 가톨릭 성직자들의 성추행 사건이 미국, 아일랜드, 벨기에 그리고 독일에서 충격을 일으켰으며 교회에 중차대한 손상을 입히고 말았다. 게다가 영적으로 노후하고 쇠약해지고 신뢰와 열정도 잃었다는 인상이 깊어지고 있었다. 교회는 점점 더 교회 자체에 몰두했다. 교회 때문에 고통스러워하고 교회에 대해 한탄하거나 경우에 따라서는 교회를 칭송했다. 교회의 예언자적

능력은 완전히 소멸된 것처럼 보였고 선교 열성 역시 마비된 것처럼 보였다. 세상은 세속적이 되어 버렸고, 공산주의는 지나갔지만 소비 지상주의가 도래했다. 경제에 의해 좌우되는 세상은 교회를 하찮은 것으로 만들어 버릴 태세를 갖추고 있었다. 전 세계에서 유행하고 있는 오순절교회와 밀교 운동이 교회를 앞지르려고 위협하고 있었다. 교회는 끊임없이 아래로 떨어지고 있는 것처럼 여겨졌다.[3]

그래서 베네딕도 교황 사임 후 열린 콘클라베에는 8년 전의 콘클라베와는 전혀 다른 분위기가 감돌고 있었다. 25년 넘게 지속된 교황 요한 바오로 2세의 교황직이 끝난 8년 전, 모든 사람의 눈에 교회의 상황은 좋아 보였다. 전 세계의 국가원수들과 교회사에서는 최초로 비가톨릭교회의 최고 지도자들이 요한 바오로 2세의 장례미사에 참석해, 제2차 세계대전 이후 유럽과 세계 역사에 결정적인 영향을 미쳤을 뿐 아니라 가톨릭교회에 강한 특성을 부여한 요한 바오로 2세라는 인물 앞에 머리 숙여 존경을 표했다. 그랬기 때문에 당시 그의 후계자를 선출할 때는 다른 무엇보다 전통과의 연속성이 강조되었다. 요제프 라칭거 추기경은 교황 요한 바오로 2세와 오랜 세월 함께 일했기 때문에 신학과 영성이라는 두 관점에서 모두

이 연속성을 확실하게 유지할 인물로 여겨졌다. 그는 유럽의 수호성인인 베네딕도를 교황명으로 선택함으로써 자신이 유럽이 가진 최상의 전통에 뿌리를 둔 사람임을 분명하게 드러냈다. 이 토대 위에서 베네딕도 교황은 풍부한 영적 유산을 남겼으며 이 유산은 미래에 다시 한 번 새롭게 평가될 것이다.

베네딕도 교황의 사임으로 인해 8년 전에는 감추어져 있던 위기가 모든 사람 눈앞에 갑자기 명백하게 드러났다. 그리고 가톨릭교회라는 배를 이끌던 선장 베네딕도 16세는 급격한 체력 저하로 빠르게 변하고 있는 세상이라는 거친 바다에서 베드로 사도의 작은 배의 키를 더 이상 쥐고 있을 수 없다는 사실을 깨달았다. 누가 배의 키를 넘겨받을 능력을 지녔는가? 이 어려운 상황에서 필수적인 교회의 의견 일치를 어떤 방향으로 이룰 것인가? 이 질문에 대한 대답은 물론 전혀 분명하지 않았다.

이러한 상황에서 사람들의 눈길이 늙고 쇠약해 보이는 유럽 교회를 벗어나 지구 남반구의 젊은 교회를 향했다는 것은 수긍이 가는 일이었다. 물론 그곳에도 많은 문제가 있다는 사실을 간과해서는 안 된다. 반대로 세속화가 속도를 더하고 있는 늙은 유럽 대륙에 그래도 아직 그리스도교의 본질이 많이 남아 있다는 사실 역시 잊지 말아야 할 것이다. 그럼에도 20세기 초반에는 가톨릭 신자의 약 4분의 1이 유럽 외의 지역에 살고 있었던 데 반해, 세기가 끝날 무렵에는 가톨릭 신자의 4분의 1도 안 되는 숫자만이 유럽에 남아 있는 상황이 되고 말았다. 가톨릭교회의 신자 분포 현황은 한 세기가 지나면서 완전히 뒤집히고 말았다. 제2차 바티칸공의회(1962~1965) 이후 가톨릭교회는 새로운 형태로, 사회학적으로 파악할 수 있는 형태로도 역시 세계 교회가 되었다. 그런 세계 교회인 가톨릭교회는 지금 모든 개별 교회에서 빠른 속도로 진행되고 있는 문화적·사회적 변화에 직면해 있다. 지역에 따라 변화라는 도전의 방식이 다르고 속도 또한 다름은 물론이다.

  교황직이 비어 있는 동안에는 매일 추기경 회의가 열리는데, 콘클라베가 열리기 전 이 비공식적인 토론에서 여러 이름이 거론되었다. 그러나 선출이 예상되는 이름은 전혀 드러나지 않았다. 부에노스아이레스의 대주교였던 호르헤 마리오 베르골료의 이름은 기자들이 새 교황 선출 이전에 관습적으로 작성하는 명단인 파파빌리Papabili에 올라 있지 않았다. 그는 2005년에 열렸던 콘클라베에서 그 이름이 거론되었던 이후부터 '내부자'들에게 알려진 인물이기는 했다. 그러나 그사이 77세가 된 그는 건강도 그다지 좋지 않았고 대주교직에서 은퇴하기 직전이었다. 더군다나 그는 지구 저 반대쪽 끝부분 출신 비유럽인으로서 역사상 한 번도 교황을 배출한 적이 없는 예수회에 속한 사람이기도 했다. 이런 사실 때문에 그가 교황으로 선출될 가능성을 높게 보는 이는 거의 없었다.

콘클라베 이전 추기경 회의에서 호르헤 마리오 베르골료 추기경은 매우 인상 깊은 자세로 대화에 개입하면서, 자기중심적이고 선교라는 관점에서 볼 때 더 이상 아무런 빛도 발산하지 못하는 교회의 약점을 분명하게 지적했다. 교회는 사회의 변두리 지역에 선교를 하기 위해 출범해야 한다는 그의 호소는 다른 추기경들의 마음을 끌어당겼다.[4] 그러나 그렇다고 해서 결정된 것은 하나도 없었다. 콘클라베에 들어가서야 결정이 날 수 있었다. 그리고 모든 추기경은 그 결정에 대해 성령의 도우심을 신뢰하고자 했다.[5]

따라서 베르골료 추기경이 콘클라베가 열린 지 이틀 만에 선거권을 가진 추기경 중 3분의 2 이상의 찬성표를 얻어 2013년 3월 12일 베드로 사도의 265번째 후계자로 선출된 것은 결코 예측 가능한 일이 아니라 깜짝 놀랄 일이었다. 후에 적지 않은 숫자의 추기경들이 이 콘클라베에서 '무엇인가'가

움직인다는 인상을 받았다고 말했다. 그것은 권모술수가 아니었으며 타인을 설득하고자 하는 약삭빠른 말재주도 아니었다. 선거 후 추기경들을 접견하면서 교황이 말했다. "성령을 통해 교회를 이끄는 이는 다름 아닌 그리스도이십니다."[6] 콘클라베에서는 바로 이것을 체험할 수 있었다.

선출 자체로 우리를 놀라게 한 교황은 선출 직후 교황 이름 선택을 통해 다시 한 번 사람들을 깜짝 놀라게 했다. '프란치스코'를 선택한 교황은 그 전에는 단 한 명도 없었다. 이것이 단순한 이름 선택 이상을 의미한다는 사실은 곧 분명해졌다. 그가 선택한 이름은 곧 그가 세운 교황직의 계획이고 설계였다. 언론인들과 처음 만난 자리에서 새 교황은 그 이름을 선택한 이유를 설명했다. 아시시의 프란치스코는 "가난한 사람, 평화로운 사람 그리고 하느님께서 창조하신 세상을 사랑하고 보존한 사람이었습니다". 그러고는 이렇게 덧붙였다. "아, 나는 가난한 이들을 위한 가난한 교회를 너무도 간절하게 원합니다!"[7] 곧 분명해졌듯이, 이로써 새 교황직의 중요한 키워드가 언명된 것이다. 프란치스코 교황은 이 단어들을 곧 실천에 옮겼다. 그는 성 베드로 대성당의 발코니에서 신자들 앞에 처음으로 나타났을 때 교황의 영광과 우위를 드러내는 전통적 상징들을 입거나 달지 않았다. 그는 단순한 흰색 수단을 입고 주교로 일할 때부터 사용해 온 철제 십자가를 목에 걸고 있었다. 그리고 전례 의식에서 사용되는 인사말이 아니라 단순하고 장중함이라곤 전혀 없는 "보나 세라Buona sera!(이탈리아어 저녁 인사 – 역자 주)"로 광장에 모인 신자들에게 인사를 건넸다.

그리고 그는 놀랍게도 자기를 교황이 아니라 로마의 주교라고 칭했다. 이로써 교황은 가장 오래된 전통으로 되돌아갔다. 안티오키아의 이냐티우스가 2세기 중반에 이미 로마교회를 "교회들이 맺고 있던 사랑의 동맹 중에서 으뜸가는 교회"라고 칭한 바 있다. 따라서 로마교회의 주교는 있어도 그만, 없어도 그만인 부속적인 존재가 아니었고 지금도 물론 아니다. 그보다 로마교회의 주교는 교황이 수행할 보편적 사목직의 기초다.[8] 자신을 이렇게 로마교회의 주교라고 부름으로써 프란치스코 교황은 특히 동방교회를 염두에 두고 자신이 교회일치를 지향한다는 점을 분명하게 표시했다. 동방교회 교회일치 총대주교인 바르톨로메오 주교는 이 표시야말로 교황 즉위 미사에 참석할 충분한 이유가 된다고 보고 실제로 2013년 3월 19일에 열린 즉위 미사에 참석했다. 새 교황은 베드로 대성당 발코니에서 광장에 모인 군중들에게 끝으로 사도의 강복을 주기 전에 하느님께서 자기를 축복하시도록 기도해 달라고 부탁한 다음 허리를 깊이 굽혔다. 그러자 발 디딜 틈도 없이 군중들로 꽉 차 있던 베드로 광장은 몇 분 동안 경건한 침묵이 흘렀다. 그 자리에 있던 사람들은 이 교황과 함께 어떤 새로운 일이 시작되고 있음을 느꼈다. "그리고 이제 우리는, 곧 주교와 하느님 백성들은, 함께 길을 가기 시작하겠습니다. 사랑에서 으뜸가는 교회인 로마교회의 길을 말입니다."[9]

길이라는 단어는 당신 백성과 함께 가는 주님의 길을 뜻하는 성경의 핵심 단어다. 예수님께서도 당신 자신을 길이라고 말씀하신다(요한 14,6). 그리고 첫 그리스도인들은 자기들을 새로운 길을 가는 사람들로 이해했다(사도 19,9.23). 그런데 '길'은 교황이 베르골료 추기경이었을 때부터 가장 좋아하던 단어였으며, 이제 이 교황직의 새로운 활동 방식을 가장 잘 표현해 주는 핵심 단어가 될 터이다. 친구인 랍비 아브라함 스코르카와 나눈 대화에서 교황은 이렇게 말했다. "사람이 하느님을 인격적으로 체험할 때 그는 길을 떠나야 합니다. 사람은 걸어가면서, 앞으로 나아가면서, 하느님을 찾으면서 그리고 하느님께서 자기를 찾아 나서도록 허락하면서 하느님을 만나는 법입니다. 그것은 여러 가지 서로 다른 길에서 일어날 수 있지

요. 고통의 길에서, 기쁨과 빛 그리고 어둠의 길에서 일어날 수 있습니다."[10] 교황은 카세르타에 있는 개신교 오순절교회(이 책 8장 「교회일치운동의 전망」 참조)를 방문하여 특유의 방식으로 이렇게 덧붙였다. "가만히 서 있는 그리스도인들이 있습니다. 가만히 있는 것, 움직이지 않는 것은 좋지 않아요. 그것은 고여 있는 물처럼 썩기 마련입니다. 가장 먼저 썩는 물, 그것은 흐르지 않는 물입니다."[11]

그러므로 이런 질문이 뒤따랐다. '새 교황이 하느님 백성과 함께 갈 길은 과연 어떤 길일까?' 그것은 당연히 예수 그리스도를 따르는 길이다. 교회에 다른 길은 없다. 그러나 그 길은 분명 깜짝 놀랄 일로 가득 차 있었고 지금도 그렇다. 교회는 침체와 스캔들로 인해, 그리고 바티리크스 때문에 너무도 분명해진 곰팡이와 같은 문제들이 쌓여 있었다. 교회를 지배하던 이 비관주의적 분위기를 교황은 짧은 시간에 밝게 하는 데 성공했다. 이 또한 결코 놀랍지 않은 일이 아니다. 프란치스코 교황은 교회에 새로운 바람을 일으켰다. 확신과 기쁨 그리고 자유의 바람이다. 그리고 마지막으로 평소에 교회를 멀리하는 집단들과 언론 매체들이 새 교황에게 호의적인 관심을 기울였는데, 이 또한 놀랍고 또 결코 당연한 일이 아니다.

따라서 프란치스코 교황이 교황직에 오른 지 일 년 반 만에 그에 대한 책이 셀 수 없을 정도로 많이 출판된 것은 이상한 일이 아니다. 그가 교황으로 선출된 후 며칠 그리고 몇 주 후에 이미 압도적인 숫자의 하느님 백성과 교회 밖의 많은 사람이 새 교황을 흔쾌히 받아들였는데, 대부분의 책이 바로 이 호응에 부응하고 있다.[12] 사람들이 이 교황을 너무 좋아해서 마음에 들지 않는다고 말하는 비판적인 의견 역시 없지 않다.[13] 그 사이 여러 언론 매체와 웹사이트 그리고 교회 내 집단들에서도 교황에 대한 공공연한 혹은 은폐된 비판과 유보적인 입장들이 늘어났다. 그것은 놀라운 일이 아니다. 예수님께서 가신 길 그리고 교회가 역사 안에서 걸어온 길을 돌이켜 본다면 그런 비판이 없다는 것이 오히려 놀라운 일이다. 교황에 대한 새로운 열광을 믿으려 하지 않고 '일단 두고 보자'는 식의 점잖은 자세를 취하는 사람들 그리고 교황의 나이를 염두에 두고 교황직이 끝날 때까지 가만히 기다리기로 작정한 사람들이 적지 않으니 말이다. 이런 사람들은 대다수의 사람들이 눈부신 새봄처럼 여기는 일들을 곧 지나갈, 갑자기 들이닥친 한파로 받아들이고 있으며 새로운 시작이 아니라 우연히 일어난 돌발적인 사건으로 여기고 있다.

이 책에서는 그런 교회정치적 평가는 다루지 않을 것이다. 교황의 일대기나 일화나 에피소드, 바티칸 어딘가에서 일어나거나 혹은 일어나고 있다고 사람들이 상상하는 매우 사적이고 은밀한 일들도 전혀 중요하지 않다. 이 모든 일이 흥미로울지는 모르겠지만 핵심을 찌르지는 않는다. 이 책은 '프란치스코 현상'에 신학적으로 접근하며, 교황직의 신학적 배경과 신학적 가치를 자세히 밝히고, 지금 막 열린 새로운 전망을 분명하게 하려는 과제를 지니고 있다. 비판적인 판단 못지않게 긍정적인 판단 속에도 교황직을 진부하게 하고 통속적인 것으로 만들 위험이 있다. 긍정적인 판단들이 교황을 일종의 스타로 만든다면, 비판적인 판단들은 교황을 신학적 무게가 없는 인물로 여기게 한다. 프란치스코 교황은 스타도 아니고 신학적 무게가 없는 사람도 아니다. 그렇다면 그는 누구인가?

이 질문에 가장 적절한 대답을 하기 위해 나는 우선 신학과 영성의 뿌리를 더듬어 보고 교황직이 지닌 크나큰 전통을 분명하게 제시하고자 한다. "우리를 깜짝 놀라게 하는 이 교황"[14]의 새로움은 그 어떤 개혁이 아니라 복음의 영원한 새로움이다. 복음은 같은 것이면서도 거듭해서 놀랍도록 새로우며, 항상 새롭게 그때그때의 상황과 관련된다. 예수 그리스도, "그분의 풍요와 아름다움은 다함이 없으십니다. 그리스도께서는 언제나 젊으시고, 새로움의 끝없는 원천이십니다"(『복음의 기쁨』 11). 복음 그리고 복음의 영구적인 새로움을 기억하는 일은 반면 늘 위험한 일이기도 하다. 복음은 사람들이 옳다고 여기는 일을 의문에 부치며, 회개하라고, 새로운 방향을 정해 나아가라고 부른다. 우리는 거듭해서 하느님에 의해 놀라야 하며, 익숙한 것에서 벗어나 새롭게 출발해야 한다. 그런 일은 저항과 반대를 불러일으킨다. 예수님께서 활동하실 때도 그러했고 지금까지의 교회 역사에서도 그러했으며 현재 역시 다르지 않다. 만약 그렇지 않다면 그것은 분명 예수 그리스도의 복음이 아닐 것이다.

2
연속성과 개혁
재가 아니라 타는 불

신학적 접근을 시도할 때 우선 두 가지 편견을 경계해야 한다. 이 두 편견은 프란치스코를 서로 자기편으로 끌어당기려는 정반대의 방법이다. 한쪽은 자신들의 생각, 특히 서구 세계에 널리 퍼져 있으며 잘 알려진 개혁 아이디어를 다름 아닌 프란치스코 교황이 실현해 주기를 요구하고 있다. 그러면서 교황이 이 기대를 채워 줄 것인지, 채워 준다면 어느 선까지 그렇게 할 것인지를 잣대로 그를 평가하려 든다. 그러나 서구 중심의 쇄신 논의를 기준으로 남반구 출신인 교황을 제대로 판단한다는 것은 불가능하다. 진보냐 보수냐로 나누는 진부한 패러다임에 프란치스코 교황은 들어맞지 않는다. 2014년 10월 18일, 세계주교시노드(세계주교대의원회의) 임시총회를 마감하는 매우 인상 깊은 강론에서 그는 자신이 진보와 보수 그 어디에도 속하지 않는다는 사실을 분명하게 밝혔다.

다른 한쪽은 이와 정반대되는 편견이다. 이 편견을 가진 사람들은 프란치스코와 베네딕도 16세, 이 두 교황의 성격과 방식이 차이가 있어 보이지만 실제로는 종이 한 장 차이도 나지 않는다고 부지런히 덧붙인다. 두 교황 모두 가톨릭적이고, 가톨릭의 가르침을 대표하고 있다는 점에서 그들의 말은 옳다. 베네딕도 교황은 많은 사안에서 현재의 교황직을 신학적으로 준비해 놓았다. 심지어 우리가 언뜻 생각했던 것보다 훨씬 더 많이 준비했고, 이에 대해서 앞으로 살펴보고자 한다.[15] 프란치스코 교황 자신도 베네딕도 교황과 자신의 이런 일치를 기회 있을 때마다 강조하곤 한다. 프란치스코 교황이 베네딕도 교황이 이미 준비해 놓았던 회칙인 『신앙의 빛』을 받아들여 짧은 글만을 덧붙인 후 자신의 회칙으로 발표한 사실이 이 연속성을 가장 분명하게 드러낸다. 연속성을 이보다 더 분명하게 표현할 수는 없을 것이다. 그러나 『신앙의 빛』 발표 후 얼마 지나지 않아 프란치스코 교황은 교황 권고인 『복음의 기쁨』을 발표했고 여기서 자기 고유의 계획을 제시했다. 이 획기적인 계획에는 베네딕도 교황과 다른 점들이 분명하게 드러난다. 물론 신앙의 진리라는 점에서는 아무런 차이가 없지만 그것을 제시하는 방식과 접근 방법 그리고 강조점에서 차이가 있다.

축소시킬 위험은 있지만 두 교황의 차이를 간략하게 설명한다면 이렇게 말할 수 있을 것이다. 베네딕도 교황은 그의 출신과 그가 받은 교육을 바탕으로 최상의 유럽 전통을 탁월하게 대표한다. 그는 교회의 신앙에서 출발하며 그 신앙을 지성적으로 그리고 영성적으로 이해하기 쉽게 설명하려고 노력한다. 다름이 아니라 — 전통이 제시하는 이론과 실천의 관계에 대한 정의에 상응하여 — 신앙에 대한 가르침을 실천에 옮기기 위해서다. 그가 사용하는 표현 방식은 영성적으로 볼 때 철저한 사고를 거친 그리고 삶의 체험에서 우러나온 가르침이다. 프란치스코 교황은 그와는 반대로 선교 신학에서 결정적인 영향을 받았다.[16] 그렇지만 그는 변장한 프란치스코회 수도자가 아니다. 그보다는 철저한 예수회 수도자다. 그는 자기 수도회 창설자인 로욜라의 이냐시오(1491~1556)의 정신을 따라 교리가 아니라 구체적인 상황을 출발점으로 삼는다. 물론 그는 주어진 상황에 단순하게 적응하려고 하지 않는다. 그보다는 이냐시오의 저서 『영신수련』에 규정되어 있듯이 영적 식별에 대한 규칙들에 따라 주어진 상황을 판단하려고 한다.

그러한 영적 식별의 도움을 입어 그는 구체적이고 실천적인 결단을 내리기에 이른다(『복음의 기쁨』 50-51).[17]

영적 식별은 이미 신약성경(로마 12,2; 1코린 12,10; 1테살 5,21; 1요한 4,1)에 그리고 영성과 관련된 모든 전통에서 언급되고 있다. 로욜라의 이냐시오가 이해한 바에 따르면 영적 식별은 '하느님께서는 이 구체적 상황에서 내가 무엇을 하기를 바라시는가?'라는 물음에 대답을 주고자 한다. 이런 의미에서 칼 라너(1904~1984)는, 영적 식별은 다름이 아니라 실존적 인식, 다시 말해서 각 개인을 향해 주어진 하느님의 구체적 의지를 인식하는 일이라고 말했다.[18] 프란치스코 교황이 말하고 있듯이 영적 식별의 핵심은 전적으로 개인적 통찰이다. "저는 이 땅에서 하나의 사명입니다. 이것이 바로 제가 여기 이 세상에 있는 이유입니다"(『복음의 기쁨』 273).

제2차 바티칸공의회는 교황 요한 23세의 의견을 따라 사목 헌장인 「기쁨과 희망」에서 이 방법을 교회에 적용했다. 공의회는 "시대의 표징들"을 출발점으로 삼고 그 표징들을 복음의 빛 안에서 해석하려고 노력했다.[19] "시대의 표징들"을 출발점으로 삼는 것은 공의회가 진행되는 동안 여러 논쟁을 불러일으켰다. 독일 출신 주교들과 신학자, 당시 공의회 교부들의 고문 역할을 맡고 있던 요제프 라칭거 역시 그리스도론에서 출발하고 싶어 했다. 교리와 구체적 상황과의 관계에 대한 물음은 공의회가 진행되는 동안 충분히 토론될 수가 없었다. 그럼에도 사목 헌장의 최종판에서는 두 가지 접근 방법이 결국 서로 균형을 이루게 되었고 이 균형은 많은 사람의 동의를 얻었다.[20]

해방신학은 사목 헌장 「기쁨과 희망」에서 완성된 방법적 관점의 변화 혹은 인식 체계의 변화[21]를 "보기 – 판단하기 – 행동하기"라는 세 단계의 의미로 이해하고 이를 다시 채택했다. 이 방법은 가톨릭노동청년회(JOC)를 창립했으며 후에 추기경이 된 조제프 카르딘(1882~1967)에 의해 발전되었으며, 교황 요한 23세는 사회 회칙 「어머니요 스승」(1961)에서 이 방법을 명백하게 추천했다.[22] 라틴아메리카주교회의(CELAM)는 이 방법을 먼저 메데인(1968)과 푸에블라(1979)에서, 그다음 아파레시다(2007)에서 각각 채택했다.[23] 아파레시다에서 열린 주교회의에서 호르헤 베르골료 추기경은 편집위원장이었으며 주교회의가 결의한 문헌 구성에 결정적 역할을 했다. 2013년 브라질 리우데자네이루에서 열린 세계청년대회에서 그는 브라질 주교들에게 「아파레시다 문헌」이야말로 교회의 사명을 이해하는 데 없어서는 안 될 중요한 열쇠라고 말했다.

그러므로 베네딕도 교황과 프란치스코 교황 사이의 차이는 아주 오래전부터 있었다. 그러나 그 차이는 신학적 진리에서가 아니라 신학적 방법, 그 방법과 관련된 강조점 그리고 교리보다는 선포를 중시하는 프란치스코 교황의 방식에서 드러난다. 그런 차이들은 오래전 교황 역사뿐 아니라 근대의 교황 역사를 살펴볼 때도 역시 새로운 것이 아니다. 그보다도 이 차이는 가톨릭교회가 다양성 속에서 일치를 이루고 있다는 사실을 드러내며, 죽은 것이 아니라 성령께서 받들어 주시는 살아 있는 전통이라는 표시이기도 하다. 교황 역사는 처음부터 끝까지 다양성과 차이 속에서 이루어진 일치로 가득 차 있다.

2005년 12월 22일, 베네딕도 교황이 추기경단과 로마 교황청을 대상으로 한 유명한 연설이 전통과의 연속성과 비연속성이라는 문제를 요약하여 설명하는 데 가장 큰 도움을 줄 것 같다. 이 연설에서 베네딕도 교황은 제2차 바티칸공의회를 돌이켜 보며 연속성의 해석학을 언급하면서 단절의 해석학과 구별했다. 그러나 그는 현대 가톨릭 신학의 지도적 사상가인 존 헨리 뉴먼(1801~1890)[24]의 의견에 따라 원칙들의 연속성과 실제적 적용 및 개혁에서의 비연속성의 차이를 분명하게 제시했다. 이렇게 하여 베네딕도 교황은 연속성의 해석학에 개혁의 해석학이라는 이름을 붙일 수 있었다.

프란치스코 교황은 그가 이미 분명하게 밝힌 대로 교회 내 개혁을 원한다(『복음의 기쁨』 26). 그렇지만 그는 모든 것을 뒤집어엎는 의미에서의 혁명가가 아니다. 언론 매체들이 교황을 그런 식으로 묘사하고, 또 많은 가톨릭 신자가 그 때문에 염려하고 있지만 말이다. 그는 보수적인 사람이다. 그러나 어떻게 보수적인 사람인가 하면, 이제는 쓰이지도 않는 동전을 결국엔 완전히 닳고 닳을 때까지 이 손에서 저 손으로 넘겨주는 것, 혹은 박물관의 아름다운 전시물처럼 유리 상자 안에 가만히 놔두는 것이 전통의 유산을 보존하는 법이 아니라는 걸 아는 사람이다. 교황 요한 23세부터 베네딕도 16세에 이르는 교황들도 이를 알고 있었다. 우리는 전통을 교회 안에 현존하시는 성령, 모든 진리 안으로 이끌어 주시는(요한 16,13) 성령의 능력 안에서 생생하게 의식하고 기억할 때만 보존할 수 있다. 이런 의미에서 제2차 바티칸공의회의 전통은 살아 있는 전통으로 이해된다. '단 한 번 영원토록' 전해진 사도들의 신앙을 이해하는 가운데 성령의 도우심으로 전통은 성장하고 진보한다(「하느님의 말씀」 8; 참조: *DH* 3020).

토머스 모어(1478~1535)와 교황 요한 23세(1881~1963)의 격언을 덧붙이자면, 재가 아니라 재 아래서 타고 있는 불을 전해야 한다. 프란치스코 교황은 복음의 불씨를 새롭게 타오르게 하기 위해 불씨 위에 쌓인 이런저런 재를 치우려고 한다. 이를 두고 혁명에 대해 이야기하고 싶다면 프란치스코 교황이 직접 말하듯이, 그것은 온유한 사랑의 불의 혁명이다. 폭력적으로 모든 것을 뒤엎어 버리는 혁명이 아니다. 그는 우리를 내면으로부터 변화시키는 사랑의 힘에 희망을 걸고 있다(『복음의 기쁨』 88; 288).

3
신학사적 분류
아르헨티나와 유럽에 놓인 뿌리

교황마다 그 역사적·문화적 출신은 다르다. 프란치스코 교황은 지구 남반구 거대도시 출신 첫 교황이다. 그런 거대도시는 그 크기뿐 아니라 그 도시에 사는 주민들의 출신과 문화의 다양성을 생각해 볼 때 유럽의 어느 대도시와도 비교할 수 없다. 호르헤 베르골료가 성장했고 나중에 주교로 봉직했던 부에노스아이레스는 우선 라틴아메리카에서 유럽 문화의 영향이 가장 뚜렷하게 나타나는 도시며 19세기 초에는 라틴아메리카의 파리로 여겨지던 도시다. 거기에 19세기에 민속학적으로 원주민으로 미화된 가우초gaucho의 전형적인 아르헨티나 문화와 여러 다른 나라, 특히 이탈리아 출신 이주민들의 문화가 덧붙여진다. 그리고 마지막으로 황량한 도시 변두리 지역이나 빈민가에 살고 있는 가난한 사람들(casas miserias)이 있다.[25] 이러한 다원적 도시 문화 속에서, 특히 도시 변두리 지역의 복음화는 베르골료 대주교에게 주어진 도전이었으며 시급한 과제였다.[26]

오로지 이 배경에서만, 프란치스코 교황에게 영향을 끼쳤던 신학을 이해할 수 있다. 그의 가장 중요한 신학 스승은 루시오 헤라(1924~2012)였다. 2012년 헤라가 사망하자 베르골료 대주교는 그를 부에노스아이레스 대성당의 주교 납골당에 안장하도록 지시했다. 그를 아르헨티나 신학의 아버지로 인정하고 경의를 표하기 위해서였다. 이것만 보아도 베르골료 대주교가 헤라를 얼마나 소중하게 생각했는지 분명하게 알 수 있다. 루시오 헤라는 해방신학의 아버지라 불리는 구스타보 구티에레즈와 함께 1964년 페트로폴리스에서 열린 라틴아메리카주교회의에 참석했다. 이 회의에서 해방신학이 탄생했다고 여겨지고 있다. 이 회의에서 루시오 헤라는 '가난과 억압이라는 맥락에서 본 그리스도교 복음의 의미'라는 주제로 강연을 했다. 이 주제는 모든 형태의 해방신학을 뒷받침하는 기초가 되었다. 모든 형태의 해방신학은 '보고 판단하고 행동하기'라는 방법에서 출발한다.[27]

아르헨티나 해방신학은 루시오 헤라에게 결정적인 영향

을 받았으되 그들 고유의 방식으로 받아들여졌고 고유의 역사를 발전시켰다.[28] 우리 대부분에게 더 잘 알려진 해방신학의 형태들은 사회정치적·경제적 상황 그리고 사회 안의 대립을 일단 분석한 뒤 이를 종속이론의 의미에서 마르크스주의적으로 해석하고자 한다.[29] 그런데 아르헨티나의 해방신학은 이와는 달리 공동 풍습으로 결합된 민중 문화에 대한 역사적 분석에서 출발한다. 아르헨티나 해방신학은 민중과 문화의 신학이다.

또한 아르헨티나 해방신학은 민중을 가르치려 드는 것이 아니라 민중이 가진 지혜를 들으려고 한다. 따라서 민간신앙에 높은 가치를 부여한다. 물론 이 민중신학은 현존하는 사회적 대립과 모순을 간과하는 실수를 저지르지 않는다. 이 신학은 계급투쟁의 이념이 아니라 조화와 평화 그리고 화해의 사상을 주도적인 원칙으로 삼고 있다. 이런 관심과 염원은 프란치스코 교황이 갈등 상황에서 취하는 입장에서 거듭 분명하게 드러난다. 2013년 9월 7일, 베드로 광장에서 열린 중동 지역 평화를 위한 인상 깊은 저녁 기도에서 그가 한 말을 예로 들 수 있겠다. 이때 프란치스코 교황은 세계는 하느님께서 창조하신 조화와 평화의 집으로서, 이 집에서는 모든 인간이 다 자기 나름의 자리를 찾아 편안하게 살 수 있다고 말했다.

민중에 대한 이런 이해는 민주주의적 낭만주의 정신에 상응한다. 19세기 말 아르헨티나에 도입된 이 낭만주의는 그동안 이 나라에서 지배적이었던 유럽식으로 계몽된 문화 정책을 대신하게 되었다. 이는 독일 사상가 카를 크리스티안 프리드리히 크라우제(1781~1832) 철학의 영향을 받아 일어났다. 크라우제의 사상은 로맨스어 지역에 수용되었고 뒤따라 낭만주의와 독일 이상주의 이념들이 스페인과 라틴아메리카에 도입되었다. 이 지역에서는 이 사상을 크라우제 철학(Krausismo)이라고 부른다. 이런 경향은 아르헨티나의 민족 서사시 『마르틴 피에로』(1872)에서 구체화되었다. 프란치스코 교황은 이 서사시를 분명하게 암시한다.[30] 이 서사시는 마르틴 피에로라는 한 가우초의 인생을 묘사하고 있다. 그는 기나긴 인생 여정 끝에 정의와 협동 정신으로 이루어진 세상에 대한 지혜에 다다르게 된다. 그런 세상은 가장 미천한 인간에게도 존귀함과 인간적으로 발전할 가능성을 허용한다.

1940년경부터 오랜 기간 아르헨티나 정치에 결정적 영향을 끼친 페론주의의 대중영합주의적 운동이 민중을 단결된 존재로 이해하는 이념을 처음으로 제시한 것은 아니다. 오히려 페론주의는 이 이념을 채택한 후 거기에 국수주의와 이데올로기를 덧칠하여 오용하고 말았다. 교황 비오 12세는 1955년 후안 페론(1895~1974)을 가톨릭교회에서 파문해 버렸다. 교회가 내린 이 처벌은 8년 후에 해제되었다.

그러므로 아르헨티나의 민중신학이 페론주의에 속한다고 섣불리 단정하면서 이 신학의 훨씬 더 오래된 뿌리를 간과한다면 그것은 너무 단순화해 버리는 처사다.[31]

유럽 계몽주의와 낭만주의 - 이상주의 사상이 끼친 영향에 대한 지적은 아르헨티나의 신학이 아르헨티나의 문화와 마찬가지로 매우 독자적이고 또 독창적이지만 일반적으로 볼 때 유럽에 뿌리를 두고 있다는 사실을 보여 준다. 오늘날의 아르헨티나 신학자 중에는 프랑스 신학(앙리 드 뤼박, 이브 콩가르 등)과 프랑스 철학(폴 리쾨르, 에마뉘엘 레비나스, 장뤽 마리옹 등)에 정통한 사람이 많다. 그들 중 많은 이가 본, 인스부르크, 뮌헨, 프라이부르크 그리고 튀빙겐에서 공부했다.

루시오 헤라는 본 대학에서「실체변화설. 토마스로부터 던스 스코터스에 이르기까지의 발전 과정」이라는 고전적 스콜라철학의 주제에 관한 박사학위 논문을 썼으며, 후에 칼 라너와 긴밀한 관계를 맺고 일했다. 본 대학에서 그는, 1900년에 튀빙겐 대학에서 박사학위를 받은 아르놀트 라데마허에 대한 연구를 통해 19세기 튀빙겐 학파의 교회론, 그중에서도 요한 아담 묄러(1796~1838)와 그의 민중정신론에 대해 깊고도 자세한 지식을 쌓게 되었다. 요한 고트프리트 헤르더(1744~1803)의 이론을 바탕으로 하는 초기 튀빙겐 학파의 이 낭만주의적 민중정신론과 아르헨티나의 민중신학 사이의 유사점은 분명하게 눈에 띄며 우연한 것이 아니다.[32] 앞에서 드러난 상호 관계는 해방신학의 아르헨티나적 형태가 가톨릭 신학의 국제적 맥락 그리고 보편 교회적 전체 맥락에 편입될 수 있음을 분명하게 보여 준다.

'보편 교회'의 결정적 동인은 제2차 바티칸공의회와 공의회의 하느님 백성 신학(「인류의 빛」 9-17) 그리고 교회와 문화의 관계에 대한 공의회의 언명들(「기쁨과 희망」 53-62)에서 나왔다. 프란치스코 교황의 본질적 관심사들이 교황 요한 23세가 교황직에 오르면서부터 이미 싹트고 있었으며, 그의 공의회 개최 연설에서 분명하게 표명되었음은 명백하다.[33] 그다음 동인은 교황 바오로 6세의 교황 권고인 『현대의 복음 선교』(1975)에서 찾아볼 수 있다. 이 권고에는 복음화와 문화 사이에 놓인 관계 역시 상술되어 있다(『현대의 복음 선교』 20). 『현대의 복음 선교』가 발표되던 같은 해에 우리가 그다지 주목하지 않은 교황 권고인 『그리스도인의 기쁨』도 발표되었다. 따라서 프란치스코 교황의 교황 권고인 『복음의 기쁨』의 주제는 오래전부터 분명하게 드러나고 있었다.

바오로 6세는 그 출신과 성격은 프란치스코 교황과 너무도 다르지만 역대 교황 중 프란치스코 교황 가장 가까이에 서 있다. 소통과 대화를 중시하는 프란치스코 교황의 스타일은 바오로 6세의 회칙 『주님의 교회』(1964)에서 많은 것을 받아들이고 있다. 프란치스코 교황은 사회윤리적 입장을 제시할 때 교황 바오로 6세의 중요한 사회 회칙인 「민족들의 발전」(1967)(『복음의 기쁨』 180; 219)과 교황 권고인 「팔십 주년」(1971)을 여러 번 자기 입장의 근거로 내세우고 있다(『복음의 기쁨』 184; 190). 새 교황직의 첫 세계주교대의원회 총회 폐막 미사 때 몬티니 교황, 즉 바오로 6세의 시복식을 거행했다는 것은 의식적으로 선택한 조처였음이 분명하다. 프란치스코 교황은 시복식 강론에서 바오로 6세를 용감하고 겸허하며 예언자적인 인물, 선견지명을 지닌 지혜롭고 가끔은 외로웠던 증인이라고 말했다. 또한 고통을 통해서도 교회를 섬겼던 사람이라고 칭했다.[34] 이렇게 하여 프란치스코 교황의 교황직에서는 제2차 바티칸공의회 정신이 새롭고 신선하게 다시 살아나고 있다. 프란치스코 교황은 제2차 바티칸공의회에 직접 참여하지 않은 첫 교황이다. 그의 교황직과 함께 우리는 공의회 후기 시대로, 공의회 수용의 새로운 단계로 들어서게 되었다.

호르헤 마리오 베르골료는 앞에서 언급된 모든 사조를 받아들였다. 그럼에도 그는 어떤 특정 학파로 분류될 수 없다. 그는 만남과 실천을 중시하는 사람으로서 편파적인 이데올로기를 혐오한다. 그에게는 생각보다 실재가 더 중요하다(『복음의 기쁨』 231-233). 삶에 대한 그의 풍부한 식견은 신학 책들에서 얻은 것이 아니다. 부에노스아이레스는 유럽 문화뿐 아니라 아르헨티나 특유의 문화가 지배하는 도시다. 이 문화 한가운데서 그리고 이 도시의 빈민 지역에서 베르골료는 신학교와 수도원의 사목 신부로, 관구장과 주교로 일하면서 사목과 관련된 많은 경험을 얻었다. 삶에 대한 그의 풍부한 식견은 바로 이 경험에서 우러나온 것이다. 거기에 덧붙여 그는 영화, 고전음악과 현대음악 그리고 문학의 세계를 중요하게 여긴다. 그는 알레산드로 만초니, 도스토옙스키, 홉킨스 그리고 많은 예술가의 이름을 언급한다.[35] 이 모든 것은 프란치스코 교황이 물을 길어 마시는 원천이며, 그는 이것들을 자신의 개인적이고 영적이며 사목적인 경험 안에서 독자적으로 통찰하고 있다.

프란치스코 교황이 직면해 있는 물음은 이것이다: 이러한 다문화 세계에 혼재한 모든 긴장과 모순 그러나 또한 그 다양성의 풍요로움을 어떻게 잘 다루고 실재를 올바르게 판별할 수 있는가? 이렇게 다양한, 혹은 교황이 말한 대로 하나로 통일시킬 수 없는 다면체적 현실(『복음의 기쁨』 236)을 정신적으로 소화해 내려는 작업에 기초가 되어 준 것은 로마노 과르디니(1895~1968)에 대한 연구였다. 특히 1986년 몇 달 동안 독일에서 보낸 시간이 도움이 되었다. 로마노 과르디니의 초기 저작, 『대립. 살아 있고 구체적인 것의 철학에 이르기 위한 시도』 (1925)에서 저자는 모든 생명에게 영향을 끼치는, 서로 정반대되는 긴장들에 대해 이야기한다. 이 긴장들은 헤겔이 제시한 사변적 종합(Synthese)으로 상쇄되지 않는다. 그렇기 때문에 다음과 같은 물음이 제기된다. 복합적이고 다문화적인 이 새로운 세계에서 어떻게 총체적이고 진정으로 가톨릭적인 시각을 얻을 수 있는가? 이는 모든 것을 수렴하는 하나의 이데올로기도 아니고 개개의 진리들과 계명들의 지리멸렬한 종합도 아니어야 한다.

이 물음에 대한 교황의 대답을 이해하고 싶은 사람은 호르헤 베르골료 또는 프란치스코 교황이 참으로 깊은 영성적 인간, 일정한 형태의 신비주의와 친숙한 사람이라는 사실(『복음의 기쁨』 82)에서 출발해야 한다. 교황은 너무도 다양하고 대립적인 현실을 궁극적으로는 오직 복음의 빛 안에서만 이해하고 또 이겨 낼 수 있다고 확신한다. 그는 교회와 세상 안에서 기도와 성체조배의 시간이 없다면 영성적으로 그 어느 것도 불가능하다는 사실을 잘 알고 있다(『복음의 기쁨』 262). 앞에서도 언급했듯이, 프란치스코 교황은 베네딕도 교황이 이미 준비해 두었던 회칙인 『신앙의 빛』에 몇 가지 본문을 덧붙여 자신의 회칙으로 발표했다. 그가 썼을 것으로 여겨지는 글에서, 그는 신앙이란 현실을 있는 그대로 보게 해 주는 빛이라고 말한다. 물론 신앙은 "우리의 모든 어두움을 다 몰아낼 수 있는 빛이 아니라 밤중에 우리 발걸음을 인도하는 등불이며, 우리의 여정을 위해서는 그것으로 충분"[36]하다.

그는 교황 권고인 『복음의 기쁨』에서 교황직의 계획을 서술하면서 자신의 근본 관심사에 대해 밝혔다. 복음이 우리의 발걸음을 인도하는 등불이라는 이 말을 이해할 때 비로소 우리는 그의 근본 관심사를 이해하게 된다. 자신의 맥락신학(contextual theology) 안에서 그는 복음을 출발점으로 삼아 오늘날 세계 교회와 그리스도인들의 상황을 구명하고자 한다. 그런데 그리스도교 신앙은 모든 것을 설명하려 드는 이데올로기가 아니다. 그리스도교 신앙은 우리 삶이 밟아 가는 모든 길을 샅샅이 비춰 주는 강력한 조명등에 비유될 수 없다. 그보다도 그리스도교 신앙은 우리가 삶의 길을 걸어갈 때 바로 앞길을 한 걸음 한 걸음 비춰 주는 등불과도 같다. 우리의 신앙은 우리를 거듭 놀라게 하고 아무리 퍼내도 결코 다함이 없는 기쁨의 소식이다.

4
기쁨의 근원이며 바탕이고 원천인 복음

프란치스코 교황은 어떤 일을 근본적으로 구명하는 사람이다. 그는 근원에서 출발한다. 이는 그가 뿌리(radix), 곧 복음을 출발점으로 삼는다는 뜻이다. 제2차 바티칸공의회가 권고하는 영적 독서와 진지한 성경 고찰은(「하느님의 말씀」 21-26), 프란치스코 교황의 강론과 연설에서 드러나듯이, 그에게 근본적인 것이다(『복음의 기쁨』 174-175). 그러나 프란치스코 교황이 복음이라고 언급할 때, 그것은 한 권의 책 혹은 사복음서를 뜻하지 않는다. '복음'은 원래 문서나 책이 아니라 소식, 더 자세하게는 기쁜 소식과 해방하는 소식을 전한다는 뜻한다. 그 소식은 상황을 근본적으로 바꾸어 놓으며, 그 소식을 듣는 사람을 새로운 상황에 직면하게 하고 또 그에게 결단을 내리라고 호소한다.

구약성경에서 복음은 이스라엘 백성이 바빌론 유배 생활에서 곧 해방되리라는 소식이다. 신약성경에서는 예수님 자신이 선포하신 하느님 나라의 도래에 대한 소식일 뿐 아니라 그리스도이신 예수, 그분의 죽음과 부활, 성령을 통해 교회와 세상 안에서 활동하시고 현존하시는, 높이 들어 올려지신 주님, 그분께서 맨 마지막에 오실 것이며 새로운 생명이 시작되고 또 선사될 것이라는 희망에 대한 소식이다.[37] 따라서 프란치스코 교황의 주요 관심사는 교회 안에서 생생하게 선포되고 우리가 믿고 찬미하며 삶 속에서 실천하는 하느님의 복음이다. 그에게 복음은 다름이 아니라 기쁨의 복음이다. 이 기쁨은 오직 하느님만이, 모든 존재 안에서 모두이신 하느님만이 선사하실 수 있는 충만한 삶을 의미한다(『복음의 기쁨』 4-5; 265).

교황 권고 『복음의 기쁨』 첫 장에 프란치스코 교황이 가장 중요하게 여기는 것이 드러난다. 복음의 기쁨에서 가장 중요한 것은 사회적 불의의 극복이 아니다. 이에 관해서는 그다음 장에 언급된다. 그는 더 깊은 곳에 손을 댄다. 그는 기쁨과 열정이 없는 상태, 자신에게만 갇혀 있는 인간과 그의 비뚤어진 마음에서 비롯된 내적 공허와 외로움을 문제로 삼는다(『복음의 기쁨』 1-2). 자기 자신에게만 향해 있는 비뚤어진 마음(cor incurvatum)은 아우구스티누스뿐 아니라 마르틴 루터 역시 알고 있던 모티브로, 구원받지 못한 인간 상태를 묘사할 때 사용되었다. 여기서 프란치스코 교황이 언급한 자기중심적 태도에 대한 실마리를 얻을 수 있다. 더 정확하게, 기쁨과 열정이 없는 상태는 초세기 사막 교부들부터 토마스 아퀴나스에 이르기까지 인간의 근본 죄이자 근본적 유혹인 나태(acedia)에 연원한다. 나태는 아래로 잡아끄는 힘, 둔감함, 영적인 일에 싫증을 내는 태도로서 현세적 슬픔(2코린 7,10)을 야기하는 마음 상태다(『복음의 기쁨』 1-2; 81).[38]

이러한 시대적 분석을 그 의도가 좋고 경건하기는 하지만 설득력이 떨어지는 사고 활동이라고 여겨서는 안 된다. 프란치스코 교황만이 이런 분석을 한 것이 아니다. 지난 세기의 탁월하고 지도적인 사상가들에게서 이와 비슷한 분석을 발견할 수 있다. 쇠렌 키르케고르와, 약간 다르기는 하지만, 로마노 과르디니 역시 우울에 대해 이야기했으며, 마르틴 하이데거는 불안을 근본적인 마음 상태라 말했고, 장 폴 사르트르는 현대인의 권태를 다루었다. 프리드리히 니체는 사소하고 평범한 행복에 만족하지만 그를 비춰 주는 별이라곤 없는 '마지막 인간'을 풍자적으로 묘사했다. "사랑은 무엇인가? 신이 창조한 세상은 무엇인가? 동경은 무엇인가? 별은 무엇인가? — 마지막 인간은 이렇게 물으면서 눈을 깜빡거린다."[39] 내 선임자 중 한 분인 로텐부르크의 파울 빌헬름 케플러(1852~1926) 주교는 쇄를 거듭해 출간되었고 여러 언어로 번역된 저서, 『더 많은 기쁨』에서 여러 사람의 말을 인용하고 또 그가 관찰한 바를 토대로 기쁨이 없는 현대인의 마음 상태를 분명하게 서술해 냈다.[40]

교황 권고인 『복음의 기쁨』은 교회와 현 세계의 문제를 그 뿌리에서부터 해결하려고 노력한다. 이 권고는 현대의 고난과 교회 내 위기에 복음으로 대답한다. 복음은 최종적으로 주어진 원천으로, 끊임없이 솟아나는 샘물처럼 모든 그리스도교의 교리와 율법 규정의 영원한 기초다(DH 1501). 신앙과 그리스도인의 삶은 오직 복음에서부터 늘 새롭게 활기를 얻을 수 있다(『복음의 기쁨』 11). 복음의 기쁨은 삶과 피조물, 신앙과 교회에 대한 기쁨을 새롭게 일깨워 줄 수 있다. 성령의 선물인 기쁨(로마 14,17; 15,13 등), "성령께서 이끄시는 복음화"(『복음의 기쁨』 259-261)에 대한 기쁨만이 우리로 하여금 완전히 새롭게 출발할 수 있도록 해 준다. 하느님은 최고선最高善이며 모든 것 안의 모든 것이며 베푸시는 분이기 때문에, 인간의 총체적 충

만함으로서의 기쁨은, 토마스 아퀴나스에 따르면, 하느님에 대한 사랑에서만 우러나온다.⁴¹

이를 출발점으로 삼아 프란치스코 교황은 위대한 전통 안에서 움직이고 있다. 교회사 안에서 복음은 고대 교회의 수도승생활부터 중세의 개혁 운동에 이르는 많은 개혁 운동의 배후에 있다. 그중 가장 널리 알려진 것은 아시시의 프란치스코 성인과 도미니코 성인이 이끈 복음을 바탕으로 한 운동이다. 아시시의 프란치스코는 형제 수도자들과 함께 복음의 어느 한 부분도 지우지 않고 또 거기에 무엇을 보태지도 않고, '군말 없이'(sine glossa) 복음 그대로 살고자 노력했다(『복음의 기쁨』 271 참조).⁴² 복음을 근본으로 한 당시의 이런 운동에서부터 중세의 가장 중요한 신학자인 토마스 아퀴나스(1225~1274)와 보나벤투라(1221~1274)가 출현했다.

프란치스코 교황은 『복음의 기쁨』에서 토마스 아퀴나스의 『신학대전』에 있는 복음의 '새로운 법'에 대한 놀랍도록 독창적인 글을 명확하게 인용하고 있다(『복음의 기쁨』 37; 43). 거기서 토마스 아퀴나스는, 복음은 문자로 기록된 율법이나 교리와 계명으로 이루어진 법전이 아니라 신앙을 통해 우리에게 주어지고 또 사랑 안에서 힘을 발휘하는 성령의 내적 은총이라고 서술하고 있다. 문서와 규정은 단지 복음에 속한 부차적인 것들로 우리로 하여금 은총의 선물로 향하게 하거나 은총이 그 효력을 발휘하게 하는 역할을 한다. 그러나 문서와 규정은 독자적으로 은총을 전달하지 않는다. 다시 말해, 의롭게 하는 의미를 지니고 있지 않다.[43]

이런 복음 신학을 제시한 토마스 아퀴나스와 마르틴 루터는 사실 언뜻 보기보다 서로 훨씬 더 가까이 있는 셈이다. 프로테스탄트 후기 역사에서 '오직 성경'이 근거로 제시되면서 자주 오해되었지만, 마르틴 루터에게도 그리스도교는 책의 종교가 아니다. 복음은 선포된 살아 있는 말씀이다.[44] 어느 쪽이든 모두의 실수와 역사적으로 얽히고설킨 관계로 인해 16세기에 불행히도 그리스도교 분열이 일어나게 되었다.

종교개혁의 교리를 분석하고 논의한 트렌토공의회(1545~1563)는 (근원적인 의미로 이해된) 복음 중심적 열망을 결코 간과하지 않았다. 공의회는 첫 교령에서부터 복음의 순수함을 보존하고 회복시키겠다고 선언했다. 그리고 모든 구원 진리와 도덕론의 살아 있는 원천으로서 교회 안에서 설교되고 믿어지고 실천되는 복음으로 이해했다.[45] 이를 기초로 하여 트렌토공의회는 교회 개혁에 착수했다. 그리고 공의회 첫 개혁 교령에서 강론은 주교의 핵심 과제라고 명시했다.[46] 후에 교황 요한 23세가 되는 안젤로 론칼리는, 트렌토공의회 이후 개혁 주교의 전형으로 여겨지는 성 가롤로 보로메오를 본보기로 삼아 제2차 바티칸공의회를 구상하게 된다.[47]

제2차 바티칸공의회가 열리는 동안 복음서는 모든 회의 때마다 공의회 교부들이 모인 자리에서 가장 높은 자리에 놓였다. 이는 복음이 의장이어야 한다는 뜻이었다. 이어서 공의회는 선포되고 살아 있는 하느님 말씀을 교회 생활의 중심에 새로이 되돌려 놓았다(「하느님의 말씀」 7; 21-26; 「인류의 빛」 23-25). 바오로 6세는 교황 권고인 『현대의 복음 선교』에서 복음화야말로 교회의 고유한 은총이고 소명이며 교회의 가장 깊은 본성이라고 했으며(『현대의 복음 선교』 14), 교회 자신이 먼저 복음화되어야 한다고 주장했다(『현대의 복음 선교』 15). 교황 요한 바오로 2세는 수많은 강론에서 새로운 복음화의 계획을 전개시켰다. 이 강론들은 그의 선교 회칙인 『교회의 선교 사명』(1990)에 집약되어 있다. 베네딕도 16세는 그의 교서 『믿음의 문』(2011)에서 그리고 2012년에 열린 주교시노드에서 이 관심사를 채택했다. 이 시노드가 거둔 열매는 『복음의 기쁨』의 여러 부분에서 드러나고 있다(『복음의 기쁨』 1; 14-15; 262-283). 이렇게 하여 복

음화는 다름 아닌 바로 프란치스코 교황직에서 교회의 핵심적 사목 계획이 되었다.[48]

프란치스코 교황은 그리스도교 초기까지 소급되는 전통 안에 서 있으며, 특히 바로 전임자의 전통 안에 서 있다. 동시에 그는 현시대 한가운데 서 있다. 지구 남반구에서는 모더니즘이 야기한 경제적 결과가 수천만 명에게 치명적인 영향을 미치고 있는 동안, 서구에서는 현실의 난제 속에서 모더니즘이 포스트모더니즘의 위협에 사멸해 가고 있다. 이런 상황에서 많은 사람이 대안을 찾고 있으며, 점점 더 많은 사람이 이 복음주의 운동에서 대안을 발견하고 있다. 관찰자들은 21세기 가톨릭교회에도 이런 복음주의적 경향이 들어 있음을 간파했다.[49]

프란치스코 교황은 현재 교회의 이런 심장 박동을 깨달았다. 그는 진보가 아니라 근본적(radikal)이라는 단어의 본디 의미, 즉 뿌리(radix)로 되돌아가는 입장을 대변하고 있다. 근원의 재수용은 어제나 그 전으로 물러나는 것이 아니라 내일을 향해 용감하게 출발하는 능력이다. 복음이 중심이 된 계획으로 그는 교회의 근원적 선포뿐 아니라 현대의 근본적 욕구에 관심을 두고, 근본적 혁신을 시작하려 한다. 이로써 그는 전통주의적 틀뿐 아니라 진보주의적 틀에도 들어맞지 않는다. 근원으로 되돌아가는 다리를 놓음으로써 그는 미래를 향한 다리를 건설한다.

복음은 기쁜 소식이지만 도전을 요구하는 소식이기도 하다. 회개와 방향 전환을 요구하는 호소다. 따라서 복음은 필연적으로 저항을 불러일으킨다. 그래서 복음에 대한 교황의 언설은 많은 이를 불안하게 만들었다. 프란치스코 교황은 복음에 대해 많이 이야기하지만 교리에 대해서는 현저하게 적게 이야기한다. 그래서 사람들은 이렇게 묻는다. 교황은 교리에 대해 어떤 입장을 취하고 있는가? 진보적 신학이 했던 것처럼 교황도 복음과 교리를 대립시킬 심산인가?[50]

물론 프란치스코 교황은 이러한 진보적 이해에 동조하지 않았다. 그 반대다. 트렌토공의회가 이미 선언했듯이, 복음은 교리가 솟아나는 원천이다.[51] 프란치스코 교황에게 이는 단순한 역사적 검증이 아니었다. 오히려 이 역사적 검증에서 교리는 복음의 빛 안에서 해석되어야 한다는 결론이 나온다. 프란치스코 교황은 바로 이 결론을 이끌어 낸다. 그는 제2차 바티칸공의회가 제시한 '진리의 위계'에 대한 가르침을 새롭게 인식하라고 호소한다. 그는, 많고도 다양한 (가톨릭 교리의) 진리는 그리스도교 신앙의 기초와 핵심으로부터 해석할 것을 요구한다(「일치의 재건」11; 『복음의 기쁨』 36).[52]

이 가르침은 새로운 것이 아니다. 이미 토마스 아퀴나스가 명확히 밝힌 바 있다: 신앙은 진리의 여러 형태의 외적 종합이 아니다. 각 신앙 조항(articulus fidei)은 (사지가) 연결되어 있는 몸의 관절과 같다.[53] 그는 신앙 조항이 복음 전체를 함축하고 있다는 것을 알고 있었다.[54] 그래서 제1차 바티칸공의회는 신앙을 신비의 본질적 맥락과 인간의 궁극적 목표라는 관점에서 이해하라고 촉구한다(DH 3016). 그런 위계는 진리들에서뿐 아니라 덕들에도 있다.[55] 가톨릭적 도덕 강론은 죄악과 오류의 목록이 아니다. 모든 덕은 인간이 다른 인간을 사랑함으로써 우리 인간을 사랑하시는 하느님의 사랑에 응답하는 데 이바지한다(『복음의 기쁨』 39). 예수님께서도 율법과 예언서를 하느님 사랑과 이웃 사랑으로 통합했다(마태 22,34-40; 참조: 마태 5,43; 로마 13,8-10; 갈라 5,14).

프란치스코 교황은 돌아가시고 부활하신 예수 그리스도에게서 드러난 하느님 사랑, "우리를 구원하시는 하느님 사랑의 아름다움"(『복음의 기쁨』 36)을 근본 핵심이라고 부른다. 이 통찰로부터 그는 선포를 위한 실제적인 결론을 도출해 낸다. 복음을 선포할 때 교리를 부수적인 측면으로 제한할 것이 아니라 복음의 맥락에서 예수 그리스도의 복음을 중심에 두고 이해해야 한다는 것이다(『복음의 기쁨』 34-39; 246). 신앙의 진리들을 오직 본질적 맥락에서 바라볼 때만 그 근원적 아름다움과 온전한 매력이 새롭게 빛날 것이다. 그럴 때만 복음의 향기가 새롭게 퍼져 나갈 수 있다(『복음의 기쁨』 34; 39).

이러한 복음 선포 계획은 루터의 근본 원칙인 "그리스도를 증거하는 것"[56]에 아주 가까이 다가가고 있지만, 그럼에도 루터의 근본 원칙과 매우 다르기도 하다. 제2차 바티칸공의회뿐 아니라 프란치스코 교황 역시 배타적인(exklusiv) 한 가지 원칙을 강조하지 않기 때문이다. 다시 말해 프란치스코 교황은 그런 배타적 원칙을 잣대로 이른바 부차적이거나 받아들이기 불편한 진리들을 잘라 내거나 구속력이 덜한 것으로 처리해 버리려고 하지 않는다. 그보다도 프란치스코 교황은 포괄적인(inklusiv) 해석학적 원칙을 중시하며 그와 동시에 무엇보다 선포의 사목적 의지를 강조한다. 그 힘으로 그는 복음의 전체성과 완전성을 그 자체의 내적 아름다움 안에서 새롭게 이해하고 밝게 비추려 한다(『복음의 기쁨』 237).[57]

프란치스코 교황은 신앙과 도덕의 혁명을 원하는 것이

아니라 신앙과 도덕을 복음에서부터 해석하려 한다. 그는 이를 복음의 선포성에 상응하여 추상적이고 교훈적인 언어로가 아니라 단순한 언어, 그렇다고 단순화시키려고 하지 않는 언어, 소통과 대화를 중시하는 언어로 해석한다. 또한 그가 사용하는 언어는 사람들을 매료시키고 그들과 동행하는 언어다. 이로써 그는 교리 가운데 그 어떤 것도 포기하지 않는다. 그보다도 그는 이렇게 함으로써 신앙이 늘 새롭고 또 새롭게 하는 원천이라는 사실(『복음의 기쁨』 11) 그리고 결코 시대에 뒤처지지 않는 진리(『복음의 기쁨』 265)임을 보여 준다. 그는 이렇게 함으로써 믿는 이들에게 믿음의 아름다움을 확신시키고 그들이 믿음에서 우러나오는 기쁜 삶을 살라고 용기를 북돋아 주려고 한다.

5

자비
교황직의 핵심어

프란치스코 교황은 복음의 중심에 자비에 대한 메시지가 있다고 여긴다. 그의 주교 문장紋章에는 "자비로이 부르시니"(miserando atque eligendo)라는 사목 표어가 적혀 있었다. 이는 영국 베네딕도회 수도자 존자 베다(7~8세기)가 한 말이다. 자비라는 주제는 이제 교황직의 핵심어가 되었다. 그는 교황이 된 첫날부터 수많은 강론과 연설에서 이 주제를 다루고 있다. 그는 이런 말을 반복한다: 하느님의 자비는 무한하다. 우리가 하느님의 자비를 청하는 데 지치지만 않는다면 하느님께서는 우리에게 자비를 베푸는 데 결코 지치지 않으신다(『복음의 기쁨』 3). 사람들 사이의 작은 자비가 세상을 바꿀 수 있다.[58] 이 중심 사상으로 그는 교회 안팎의 수많은 사람의 마음을 움직였다. 그 이유는 간단하다. 우리 가운데 자비로우신 하느님과 자비로운 이웃에 의존하지 않는 사람이 있겠는가?

자비는 성경의 핵심 주제다.[59] 이미 구약성경에서 하느님은 벌을 주고 복수하는 하느님으로만 묘사되지 않는다. 하느님은 모세에게 당신을 계시하며 말씀하신다. "주님은 자비하고 너그로운 하느님이다"(탈출 34,6). 예언서들과 시편은 이 말을 거듭 되풀이한다. "주님께서는 자비하시고 너그러우시며 분노에 더디시고 자애가 넘치신다"(시편 103,8; 111,4). 예언자 호세아는 하느님께서 당신 백성을 용서하시고 당신을 배반했음에도 새로운 시작을 열어 놓으시는 자비로운 하느님의 주권을 실로 극적으로 표현한다. "내 마음이 미어지고 연민이 북받쳐 오른다. … 나는 사람이 아니라 하느님이다"(호세 11,8-9).

예수의 복음에서 하느님의 자비는 철저하게 근본적인 것이다. 자비로운 아버지의 비유라고 해야 더 나을 되찾은 아들의 비유(루카 15,11-32), 착한 사마리아인의 비유(루카 10,25-37) 또는 에페소서의 "자비가 풍성하신 하느님"(에페 2,4)이라는 구절을 생각해 보라. 성경의 다른 구절을 더 보자. 산상설교의 참행복에 관한 말씀 중 "행복하여라, 자비로운 사람들!"(마태 5,7)과 "내가 바라는 것은 희생 제물이 아니라 자비다"(마태 9,13; 12,7; 참조: 호세 6,6) 혹은 최후의 심판 때 자비로운 행위만이 중요하다는 예수의 말씀(마태 25,31-45) 등이 있다.

스콜라 신학이 이 주제를 경시했을뿐더러 그저 정의正義의 하위 주제로 만들어 버렸다는 것은 한층 더 놀랍다. 이렇게 하여 스콜라 신학은 큰 어려움에 걸려들고 말았다. 만약 정의를 더 높은 잣대로 삼을 경우 다음과 같은 물음이 제기된다. 악은 처벌하고 선은 갚아 주셔야 하는 정의로운 하느님이 어떻게 자비롭고 용서하실 수 있는가? 그것은 선하게 살려고 성실하게 노력한 사람들에게 불공평하지 않은가?

토마스 아퀴나스는 캔터베리의 안셀모에 이어서 하느님은 우리 인간이 세운 정의의 규정들에 매이는 분이 아니라는 사실을 충분히 간파할 만큼 천재적이었다. 하느님은 지극히 높으신 분이다. 그분은 사랑이신(1요한 4,8.16) 당신 자신에게 의로우신 분이다. 하느님은 사랑이시고, 이 사랑에 있어서 자기 자신에게 신실하시기에 또한 자비로우시다. 자비는 하느님의 본질이 바깥쪽으로 드러난 부분이다.[60] 자비는 당신 자신에 대한 하느님의 신의이며, 사랑에 있어서 절대적인 주권의 표시다.[61]

다음과 같이 말할 수도 있겠다. 자비는 <u>스스로에 대한 하느님의 신의</u>인 동시에 그분의 <u>계약에 대한 신의</u>이며 인간에 대한 확고부동한 인내다. 하느님은 당신의 자비로 누구도 저버리지 않으신다. 그분의 자비는 인간이 회개할 의지가 있고 또 간청할 경우 그에게 새로운 기회를 주며 새롭게 시작하게 하신다. 자비는 하느님 고유의 의義로서, 회개할 마음이 있는 죄인을 벌하는 것이 아니라 그를 의롭게 만든다. 그러나 주의할 점이 있다. 자비는 죄가 아니라 죄인을 의롭게 한다는 사실이다. 자비의 계명은 교회가 신자들의 삶에 짐이 되지 않기를, 종교를 종살이로 만들지 않기를 바란다. 자비는 — 토마스 아퀴나스가 아우구스티누스의 말을 인용했듯이 — 우리가 노예의 짐에서 자유롭기를 원한다(『복음의 기쁨』 43).[62] 자비는 복음이 선사하는 기쁨의 원천이다(『복음의 기쁨』 2-8).

이러한 선포로 프란치스코 교황은 많은 위대한 성인의 전통 안에 서 있다(예를 들어 시에나의 카타리나, 리지외의 데레사 등). 교황 요한 23세가 이미 자비는 하느님의 특성 중 가장 아름다운 특성이라고 말했다.[63] 1962년 10월 11일, 제2차 바티칸공의회 개회 연설에서 요한 23세는 현대의 교회는 더 이상 엄격함의 무기가 아니라 자비의 약을 사용해야 한다고 경고했다. 이로써 그는 공의회 기간과 공의회 이후의 사목 방향 설정을 위한 기조를 제시한 셈이다.

교황 요한 바오로 2세는 이 자비의 복음을 제2차 세계대전의 끔찍함과 유다인 학살, 나치 시대와 폴란드 공산주의 시대라는 자신의 경험을 통해 명료하게 인식했다. 그리하여 그는 자신의 두 번째 회칙인 『자비로우신 하느님』(1980)을 이 주제에 바쳤다. 후에 그는 파우스티나 코발스카 수녀의 제안을 채택해 부활 제2주일을 '하느님의 자비 주일'로 정했다. 그리고 성년聖年이었던 2000년에 파우스티나 수녀를 새 천년기의 첫 성인으로 선포했다.[64] 베네딕도 16세는 그의 첫 회칙인 『하느님은 사랑이십니다』(2005)에서 이 주제를 이어 나갔으며 신학적 깊이를 더했다.

프란치스코 교황은 구체적인 사목에 적용하는 경우에는 거듭해서 새로움에 일관성을, 일관성에 새로움을 연결시킨다. 2013년 7월 25일, 리우데자네이루에서 그는 청소년들에게 다음과 같이 거침없이 말했다. "자, 산상설교를 한 번 읽어 보세요. 그게 도움이 될 거예요. 그런 다음 자신이 구체적으로 어떤 일을 행해야 하는지 알고 싶거든 마태오 복음서 25장을 읽어 보세요. 우리는 거기에 쓰인 기준에 따라 심판을 받게 될 거예요. 산상설교와 마태오 복음 25장, 이 두 가지로 여러분은 행동 기준을 설정하게 될 겁니다. 다른 것들을 더 읽을 필요가 없어요. 여러분들에게 간절히 바랍니다."

이렇게 성경과 전통에 명백하게 뿌리를 두고 있음에도 자비에 대한 교황의 언설에 의심을 품는 이들이 있다. 그들은 자비를 사이비 자비의 피상적인 자유방임주의와 혼동한다. 그리고 자비라는 말을 들으면, 허약해지는 사목적 탄력성, 가벼운 그리스도교, 할인 판매되는 그리스도인 같은 말처럼 위협을 느낀다.[65] 따라서 그들은 자비를 일종의 연화제 같은 것이라고 생각한다. 다시 말해서 그들은 자비가 교리와 계명을 비웃고 진리의 핵심적·근본적 의미를 무력화시킬 것이라고 믿는다.

이는 신약성경에서 바리사이들이 예수님께 던진 비난이다. 예수의 자비는 바리사이들을 분노하게 했고, 그 결과 그들은 그분을 죽이기로 결심했다(마태 12,1-8.9-14). 그것은 또한 자비의 깊은 성경적 의미를 크게 오해한 것이다. 자비 자체가 이미 근본적인 계시의 진리이며, 도전적이고 도발적인 예수의 계명이기 때문이다. 자비는 다른 모든 계시 진리 및 계명들과 내적 연관을 맺고 있다. 그러므로 도대체 어떤 이유로 — 올바로 이해된 — 자비가 진리와 계명들을 의문시할 수 있단 말인가? 자비는 정의를 폐기하지 않는다. 오히려 정의를 능가한다.

자비는 더 큰 정의로서 자비 없이 어느 누구도 하늘나라에 들어갈 수 없다(마태 5,20). 자비와 진리 혹은 계명을 반목시켜 어부지리를 얻으려 하는 것, 또한 이들을 서로 대립시켜 놓는 것은 신학적으로 무의미하다. 이와는 반대로 하느님의 근본 특성이자 모든 덕 중 가장 큰 덕인(『복음의 기쁨』 37) 자비는 해석학적 원칙으로 진리의 위계에 대한 의미에서 이해해야 옳다. 자비는 교리나 계명의 자리를 대신하는 것이 아니라 복음에 합당하게 정의로운 방법으로 이해하고 실천하기 위한 것이다.

이렇게 자비에 대해 명백히 제시하는 일은 근본적인 해석학적 원칙 혹은 인식 체계 전환이라고 부를 수 있다. 연역적 방법에서 '보기 - 판단하기 - 행동하기'라는 방법으로 바꾸는 것이다. 이는 일단 귀납적 방법으로 시작하여 두 번째 단계에서 신학적 판단 기준들을 도입하는 방법이다. 이런 형태의 인식 체계 전환은 지금까지 적용되던 것들이 더 이상 유효하지 않게 될 것이라는 우려 때문에 ― 앞에서 언급한 ― 혼동과 오해를 유발할 수 있다. 그러나 제대로 이해된다면, 인식 체계 전환은 지금까지 유효하던 내용이 아니라 우리가 그 내용을 보고 또 이해했던 관점과 지평을 바꿀 것이다. 교황 바오로 6세는 1965년 12월 7일, 제2차 바티칸공의회 마지막 회의에서 자비로운 사마리아 사람의 예를 들면서 이것이 바로 공의회 영성의 모범이라고 말했다. 예수님은 이 비유로 "누가 제 이웃입니까?"라는 물음에 대한 대답을 주려고 한다. 그분은 한 인간이 처한 구체적 상황에서 출발하기 때문에 그분의 대답은 연역적이 아니라 귀납적이다. 당신의 이웃은 다름 아닌 당신이 만나는 사람, 구체적 상황에서 당신의 도움과 당신의 자비를 필요로 하는 바로 그 사람이다. 당신이 몸을 굽혀 상처를 싸매 주어야 할 바로 그 사람이 당신의 이웃이다. 바로 그 사람이 당신에게는 지금 하느님의 구체적인 뜻이다(루카 10,25-37).

이런 새로운 인식 체계가 제기하는 도전은 원대하고 심오하다. 자비가 하느님의 모든 특성 중 가장 근본적인 것이라면, 이로써 모든 신학적 질문 중 가장 근본적 질문인 하느님에 대한 질문이 새롭게 제기되기 때문이다. 이 책에서는 이 주제에 더 이상 깊이 들어갈 수가 없다.[66] 여기서는 프란치스코 교황에게 중요한 구체적 결론을 다루어야 한다. "너희 아버지께서 자비하신 것처럼 너희도 자비로운 사람이 되어라"(루카 6,36). 예수님의 이 말씀을 따라 영육으로 자비로워지는 일은 그리스도교적 삶의 형태에 광범위한 결과를 가져온다.[67] 그러므로 하느님의 자비에 대한 말씀은 좋은 말이긴 하지만 무의미한 미사여구가 아니다. 하느님의 자비에 대한 말씀은 거짓 평온과 안전을 선사하지 않는다. 그보다도 이 말씀은 우리에게 촉구한다. 이 말씀은 우리가 양손을 벌리기를, 무엇보다 마음을 열기를 원한다. 자비(misericordia)는 가난한 이들에 대한 마음이기 때문이다. 이때 가난은 가장 광범위하고 포괄적인 의미를 지닌다. 그리스도교 윤리, 특히 사회윤리에 가져오는 결과에 대해서는 이 책 마지막 두 장에서 다시 상세하게 다룰 것이다.

우선 중요한 것은 자비에 대한 말씀이 교회의 본질과 교회의 구체적 실천에 가져올 결과다. 하늘에 계신 우리 아버지께서 자비로우신 것처럼 우리도 자비로운 사람이 되어야 한다는 말씀은 신자 개인에게만이 아니라 교회 전체에도 적용되기 때문이다. 교회는 하느님 자비의 성사聖事이며 또 성사여야 할 것이다. 다시 말해서 교회는 하느님 자비의 표징이고 도구이며 또 그래야 한다. 이제 우리는 바로 이 주제에 관심을 기울여야 한다.

6

하느님 백성 교회론의 구체적 실천

성경과 교회 전통은 교회의 본질을 묘사하기 위한 여러 이미지를 알고 있다.[68] 프란치스코 교황이 이해하는 교회의 중심에는 하느님 백성으로서의 교회상像이 자리 잡고 있다(『복음의 기쁨』 111-134). 이는 아르헨티나 민중신학의 시작점과 일치한다. 이 교회상은 교부들과 전례 전통 그리고 성경에 단단히 뿌리내리고 있다.[69] 제2차 바티칸공의회는 이 교회 이해를 다시 한 번 갱신하면서 교회를 하느님의 메시아 백성으로 제시했다(『인류의 빛』 9-12).[70] 하지만 유럽 신학에서는 곧 이를 제한하자는 소리가 커졌다. 이러한 교회 이해가 사회학에 치우치고 정치적이며 하층민 중심의 교회론이 아닌가 하는 의구심 때문이었다.[71] 아르헨티나에서는 상황이 달랐다. 거기서는 공의회가 준 자극이 기꺼이 수용되어 아르헨티나 특유의 해방신학의 한 형태, 곧 민중신학으로 발전했다. 프란치스코 교황은 구체적인 삶으로 이 하느님 백성 교회론을 실현하고 있다.[72]

이는 교회에 대한 새로운 시각은 아니지만, 교회 생활의 새로운 방식을 이끌어 갈 새로워진 방식임은 분명하다. 프란치스코 교황은 『복음의 기쁨』에서 '사목 활동의 전환'에 대해 이야기한다. 그런데 이 '전환'(스페인어로 conversión, 이탈리아어로는 conversione이다)이라는 단어는, 독일어로 번역된 교황 권고에서 내가 이제까지 봐 온 다른 번역들과는 달리, 상당히 약한 뜻인 '새로운 방향 설정'(Neuausrichtung)(한국어 책에는 '쇄신'이라는 단어를 쓰고 있다 - 역자 주)이라고 옮겨 놓고 있다(『복음의 기쁨』 25). 우리는 교황이 사용한 강력한 단어를 약화시키지 말고 있는 그대로 진지하게 받아들여야 한다. 리우데자네이루에서 브라질 주교들에게 한 연설에서 교황은 이 사목 활동의 전환이라는 말의 뜻을 매우 분명하게 밝혔다. "사목 활동의 전환과 관련하여 나는 다음과 같은 사실을 상기시키고 싶습니다. '사목'은 교회의 모성母性을 실행하는 것 외에 다른 일이 아니라는 것입니다. 어머니는 자식을 낳고 젖을 먹이며 키워 주고 바로잡아 주고 양육하고 손을 잡고 이끌어 줍니다. … 그러니까 자비라는 어머니 품을 재발견할 능력이 있는 교회가 필요합니다. 자비가 없다면 오늘날 우리가 이해와 용서 그리고 사랑을 필요로 하는 '상처받은 이들'의 세계 속으로 깊이 들어가는 것은 불가능합니다."

민중신학을 배경으로 해서만 프란치스코 교황의 방식을 올바로 이해할 수 있다. 이 방식은 그저 대중에게 친철하거나 값싼 대중영합주의가 아니다. 교황이 강조하는 민중과 가까운 사목 방식의 배경에는 온전한 신학, 바로 민중 신비주의가 있다. 그에게 교회는 조직적이고 서열이 분명하게 구분되는 제도 이상의 것이다. 교회는 무엇보다도 하느님을 향해 나아가는 하느님 백성이며 순례하며 복음을 선포하는 백성이다. 이는 아무리 필요한 것이라 해도, 모든 제도적 표현을 넘어서는 것이다.

궁극적으로 교회는 가장 성스러운 삼위일체의 신비에 그 근원을 두고 있다. 구원은 하느님 자비를 이루는 일이다. 하느님은 온전히 당신 은총으로 성령을 통해 우리를 당신께 이끄시고 당신 백성으로 모으신다. 따라서 교회는 은총의 수위권 아래에 있다. 주님은 그분의 사랑으로 그분의 주도로 늘 우리에게 먼저 다가오신다(『복음의 기쁨』 24). 하느님은 성령을 통해 사람들을 고립된 개인이 아니라 백성으로 불러 모으신다. 교회는 보답을 바라지 않고 베푸는 자비의 자리가 되어야 한다. 이는 모든 이가 환대와 사랑과 용서를 받고 복음의 선한 삶을 살도록 격려를 받는 자리여야 한다(『복음의 기쁨』 111-114).

프란치스코 교황은 민중신학에 근거하여 모든 성직주의를 싫어한다. "간단히 말해서, 하느님 백성의 대다수가 평신도입니다. 소수의 성품 직무자가 이들에게 봉사합니다"(『복음의 기쁨』 102). 목자들은 자신을 고상하고 지체 높은 지배자로 느낄 것이 아니라 '양들의 냄새'를 풍겨야 한다(『복음의 기쁨』 24). 교황은 온 하느님 백성이 다 교회 생활에 참여하기를 원한다. 여자와 남자, 평신도와 성직자, 젊은이와 노인 모두가 말이다. 모든 신자는 세례성사와 견진성사에 근거하여 '선교하는 제자'다. 그들은 의사 결정에 참여해야 한다. 물론 평신도의 봉사직도 교회 내의 과제에만 국한되어서는 안 된다. 그들의 능력은 사회, 정치, 경제 분야에서 그리스도교의 가치를 확산시키는 데 이르러야 한다. 그러므로 평신도 교육과 직업과 지적 생활의 복음화는 중요한 사목적 도전이다(『복음의 기쁨』 102; 119-134).

교황은 여성이라는 주제를 중요하게 생각한다. 『복음의 기쁨』에서 그는 두 단락에 걸쳐 이 주제를 다루고 있다(『복음의 기쁨』 103-104). 요한 23세가 이미 여성의 공적 생활 참여 그리고 여성의 인간 존엄성을 의식하는 것을 시대의 징표로 여겼다.73 프란치스코 교황은 여성이 사회에 꼭 필요한 기여를 하고 있다는 것을 인정하며, 많은 여성이 교회에서 사목적 책임을 사제와 나누고 있는 것을 기쁘게 보고 있다. "그러나 아직도 여성이 교회 안에서 더욱 적극적인 역할을 할 수 있는 기회를 넓혀야 합니다. 교회와 사회구조 안에서 중요한 결정이 내려지는 여러 다양한 상황에서 '여성의 특수한 재능은 사회생활의 모든 영역에서 요구'되기 … 때문입니다"(『복음의 기쁨』 103).74 그럼에도 불구하고 성찬례에서 자신을 봉헌하신 신랑이신 그리스도의 표징으로 사제직을 남성에게만 유보하는 것은 토론의 여지가 없는 문제다. 하지만 사제의 권한이 이야기될 때, 이는 바로 역할의 분야일 뿐 존귀함이나 우월함을 조장하는 것이 아님을 기억해야 한다.75 "실제로 여성이신 마리아께서는 주교들보다 더 존귀하신 분이십니다"(『복음의 기쁨』 104).

프란치스코 교황에게 이는 방어적 논거가 아니다. 그는 (교회 내 여성의 권리 요구에) "사목자들과 신학자들에게 제기되는 커다란 도전"이 내재되어 있다고 보고 있다. 핵심은 "교회 생활의 여러 분야에서 중요한 결정을 내릴 때 여성이 맡을 수 있는 역할과 관련하여 그것이 어떤 의미를 지니는지를 더 잘 이해"(『복음의 기쁨』 104)하는 일이다. 실제로 교황청을 포함하여 교회 안에는 사제 서품 없이도 맡을 수 있는 지위가 많다. 여성들 역시 여러 직을 수행할 수 있으며 그 자리에서 여성들은 여성 특유의 재능을 발휘하여 교회의 번영에 이바지할 수 있고, 또 그들의 존재와 협력을 통해 배타적인 성직자중심주의 분위기를 타파할 수 있을 것이다.

교황은 청소년들을 중요하게 여긴다. 당연한 일이다. 2013년 7월 25일, 리우데자네이루에서 열린 세계청년대회에서 교황은 청소년들에게 다음과 같은 환영 인사를 했다. "저는 여러분의 열정적인 믿음을 통해 더욱 강해지기 위해 이곳에 왔어요. 여러분도 알다시피, 주교의 삶에는 해결책을 요구하는 많은 문제가 있지요. 그리고 이 문제들과 어려움 때문에 주교의 믿음이 슬퍼질 수도 있어요. 주교가 슬퍼진다면 얼마나 곤란한 일이겠어요? 정말 곤란한 일이지요! 저는 여러분의 열정적인 믿음이 나에게로 옮겨 와 내 믿음이 슬퍼지는 걸 막기 위해 이곳에 왔어요!" 프란치스코 교황은 오늘날 청소년이 안고 있는 어려움과 청소년 사목의 난제들에 대해 잘 알고 있다(『복음의 기쁨』 105-106). 이 역시 당연한 일이라고 말하고 싶다. 그러나 그는 또한 알고 있다. "젊은이들은 우리가 희망을 새롭게 일깨우고 키우도록 촉구합니다. 그들은 인류의 새로운 방향을 제시하고 우리를 미래로 열어 주기 때문입니다. 그리하여 우리가 더 이상 오늘날 세상에 생명을 주지 못하는 구조나 관습의 향수에 매달리지 않도록 합니다"(『복음의 기쁨』 108).

교황은 교회에서 평신도가 전하는 증거의 중요성을 뒷받침하는 신학적 근거를 제시한다. 그는 신앙 감각(sensus fidei), 곧 믿음과 믿음에서 우러나온 삶에 대해 느끼는 영적 감수성에 주목하라고 말한다. 세례 때 성령에 의해 모든 그리스도인에게 주어지는 이 신앙 감각은 성경과 신학 전통 안에서 최고의 근거가 되지만 자주 등한시되었다. 존 헨리 뉴먼은 그의 유명한 에세이『신앙 문제에 관해 평신도가 전하는 증거에 대해』[76]에서 그 중요성을 새롭게 강조했으며 제2차 바티칸공의회가 이를 갱신했다. 이 신앙 감각으로, "성령께 도유를 받은 신자 전체는 믿음에서 오류를 범할 수 없다(「인류의 빛」 12;『복음의 기쁨』 119; 139; 198)".[77]

유감스럽게도 이 교리는 공의회 이후 다시 등한시되고 말았다. 사람들은 이 교리가 교회 안에서 다른 의견을 가진 이들에 의해 오용될 것을 두려워했다. 프란치스코 교황은 그런 두려움이 없다. 그는 신앙 감각에 대한 교리를 다시 끄집어낼

뿐 아니라 거기서 곧장 필수적인 결론을 도출해 낸다. 그는 교회가 평신도들의 말에 귀를 기울여야 한다고 말한다(『복음의 기쁨』 154). 그는 평신도들이 복음화의 새로운 길을 찾아낼 섬세한 감각을 지니고 있음을 잘 알고 있다. 그렇기 때문에 교회법에 제시된 참여 기구들과 여러 형태의 사목 대화들을 장려하고 발전시켜야 한다(『복음의 기쁨』 31).

프란치스코 교황은 경청하는 교도권(magisterium)을 원한다. 이에 대해서 그는 『복음의 기쁨』에서 이미 진지하게 생각했다. 이 교황 권고에서 그는 교황청의 신앙교리성의 발표뿐 아니라 전 세계 주교회의의 발표 역시 자주 인용한다. 무엇보다도 그는 대중 신심을 중요하게 여긴다. 대중 신심은 성령의 열매이며 신학의 자리(locus theologicus)이자 이른바 신앙의 모국어다(『복음의 기쁨』 69-70; 90; 122-126). 「아파레시다 문헌」은 "민중 신비주의"(『복음의 기쁨』 124; 237에 인용됨)에 대해 언급한다.

그렇지만 이 모든 말은 교회가 진리와 교회 자체의 생명력을 스스로 생성해 낸다는 뜻이 아니다. 오히려 그 반대다. 하느님을 향해 나아가는 백성인 교회는 스스로가 아니라 하느님의 말씀을 듣는 일, 성사 특히 성체성사에 힘입어 산다. 교황은 선포된 하느님의 말씀으로 사는 삶을 『복음의 기쁨』 제3장 전체에 걸쳐 다룬다. "모든 복음화는 그 말씀에 기초하고, 그 말씀을 경청하고 묵상하고 실천하고 거행하고 증언합니다. … 교회가 끊임없이 스스로 복음화되지 않는다면 복음화하지 못합니다. 하느님 말씀이 반드시 '점점 더 온전하게 모든 교회 활동의 중심이 되게' 하여야 합니다. 무엇보다도 성찬례에서 경청하고 거행하는 하느님 말씀은 그리스도인들을 기르며 그들에게 내적인 힘을 주어 그들이 일상생활에서 복음의 참다운 증인이 되도록 합니다. … 활기차고 효과 있는 말씀의 선포는 성사를 받을 준비를 하도록 하고 성사 안에서 그 말씀은 최대의 효력을 발휘하게 됩니다"(『복음의 기쁨』 174).

성사와 관련해서도 교회는 모두에게 열린 마음을 지닌 자비로운 어머니다. 성사는 완전한 이들을 위한 것이 아니라, 나약한 이들을 위한 영약이며 양식이다(『복음의 기쁨』 47). 교회는 늘 문이 열려 있는 개방된 집이어야 한다(『복음의 기쁨』 46-49). 주교이자 순교자였던 키프리아누스는 순수하고 거룩한 동정녀인 교회상을 주장한 노바티아누스에 맞서 자비로운 어머니인 교회상을 주장했다. 프란치스코 교황은 키프리아누스의 교회상에 심취했다. 키프리아누스는 노바티아누스의 엄격주의에 맞서 박해 때 배교한 그리스도인들(lapsi)을 관대하고 자비롭게 대해야 한다고 강조했다. 프란치스코 교황은 교회 밖에서 수많은 사람이 굶주리고 있는데, 자기 조직 안에 갇혀 있는 폐쇄적인 교회보다 거리로 나와 다치고 상처 입고 더럽혀진 교회를 더 좋아한다(『복음의 기쁨』 49).[78]

교황은 산타 마르타 성당 매일 미사 강론 등 여러 기회에 그와 같은 발언을 했다. 이는 많은 이에게 교황이 규정 외의 상황에 놓인 그리스도인, 예를 들어 이혼 후 재혼한 사람에게 그들 각자의 상황을 검토한 후 고해성사와 성체성사를 허락하기 위한 토대를 마련한 것처럼 보였다. 이런 기대에 대해 교황은 『복음의 기쁨』에서 일반적인 사항을 진술할 때 그런 구체적 상황을 염두에 두지 않았다고 답변했다. 그는 사목적 결정이 매우 시급한 문제지만, 일치를 도모해야 하는 자신의 직무 수행에서 여전히 논쟁적이고 논의가 진행 중인 이 문제를 일단 성령께서 여러 교회에게 하시는 말씀을(묵시 2,7.11.17.29 등) 듣고 결정하려 한다.

추기경회의 연설에서 나는, 일부 왜곡 보도와는 달리, 앞에서 언급된 이혼 후 재혼한 그리스도인들에 대한 문제를 의식적으로 미결 상태로 열어 놓았고 주교시노드가 교황과 함께 내릴 결정에 주목하라고 말했다.[79] '진리 안에 머무르는 일'

은 나뿐 아니라 토론에 참여한 모든 신학자에게도 당연한 일이다. 그렇지만 긴급한 문제에 대한 결정은 무엇보다도 성경적 의미의 '하느님의 신의 – 진리'(emet)가 구체적인 상황에서 구체적으로 무엇을 뜻하는가이다.[80] 최근의 성경 해석 연구가 보여 주듯이, 이 문제는 이미 신약에서 서로 다르게 전승되고 있는 예수님 말씀의 단순한 인용(마르 10,2-12와 병행 구절)을 통해서 결정되는 것이 아니다.[81] 가령 이 문제가 현재 상황에서 가정의 유일한 문제가 아니며 핵심적 문제는 더욱 아니라 하더라도 많은 그리스도인에게 이 문제는 새로운 사목 방식의 범위와 정도를 가늠하는 시험이 되었다. 그렇기 때문에 오랜 공의회 전통 안에서 모든 이의 의견을 들은 후 큰 공감대 안에서 결정이 내려지기를 희망한다. 결정이 내려지고 나면 현대의 가정이 처한 위기의 근본적 문제에 한층 더 집중할 수 있을 것이다(『복음의 기쁨』 66-67).

그렇기 때문에 교회 내 문제들과 '뜨거운 감자'라 일컫는 문제에 멈추어 있는 것은 잘못된 일이다. 프란치스코 교황은 교회 내부를 넘어서 생각한다. 콘클라베 이전에 열린 추기경회의에서 당시 추기경이었던 베르골료는 자기중심적 교회, 나르시시즘에 빠져 자기 주위만 맴도는 교회가 되어서는 안

된다고 지적했다. 자기중심적 인간은 병든 인간이고 자기중심적 교회는 병든 교회다(『복음의 기쁨』 43).[82] 프란치스코 교황은 자기중심적이며 자기 자신 때문에 괴로워하고 자기 연민에 빠져 있거나 아니면 자신을 찬미하는 교회의 숨 막히는 분위기에서 벗어나고자 한다. 그에게 교회는 열려 있는 집, 힘겨운 삶을 살아가는 사람들이 다 들어올 수 있는 문이 활짝 열려 있는 아버지의 집이다(『복음의 기쁨』 46-49). 그러므로 그는 근본주의와 마찬가지로 성사 집전에만 몰두하는 교회 생활을 경고한다(『복음의 기쁨』 63).

프란치스코 교황에게 모든 교회 활동의 패러다임은 선교다. 단순한 현상 유지를 넘어서 참으로 선교하는 사목이다(『복음의 기쁨』 15). 그는 지속적인 선교 자세 유지를 강조한다(『복음의 기쁨』 25). 선교는 개종 강요를 뜻하지 않는다. 교회가 성장하는 것은 개종 강요가 아니라 '매력' 때문이다(『복음의 기쁨』 14). 구체적으로는, 교황이 거듭 말하듯이, 변두리로 '출발'하는 교회가 핵심이다(『복음의 기쁨』 17; 20; 24; 30; 46). 그것은 거대도시의 황량한 변두리뿐 아니라 인간 실존의 변두리 역시 의미한다(『복음의 기쁨』 20-23; 27-31; 78-86 등).

하느님은 구원사 안에서 우리와 함께 먼 길을 끈기 있게 걸어가 주신 길의 하느님이다. 교부들은 하느님의 참을성과 인내 그리고 하느님의 교육 능력과 세상을 위해 하느님께서 세워 놓으신 구원 계획에 대해 이야기한다.[83] 우리가 이미 보았듯이, 프란치스코 교황에게 길은 중요한 모티브다(『복음의 기쁨』 23-24). 그에게 믿음은 확고한 입장이 아니라 개인뿐 아니라 교회 전체가 걸어가고 있는 여정이다. 교회의 과제는 이 여정에 있는 사람들과 이러한 성장 과정을 현명하게, 너그럽고 자비롭게 한 걸음 한 걸음 동행하는 일이다. 프란치스코 교황은 그가 특별히 여긴 성자인 베드로 파브르의 말을 인용한다. "시간은 하느님의 전령입니다"(『복음의 기쁨』 169-173). 2014년에 열린 주교시노드 임시총회는 최종 보고서에서 직접 사람들을 데리러 가고 동행하는 사목 이해를 채택했다.

이로써 우리는 프란치스코 교황의 교회론의 가장 깊은 차원 — 나는 이를 신비주의적 차원이라 말하고 싶다 — 을 언급했다. 그는 가난한 사람에게서 그리스도를 만날 뿐만 아니라 그분을 만지고 싶어 한다(『복음의 기쁨』 270). 교회는 그리스도의 몸이다. 따라서 우리는 다른 이의 상처에서 그리스도의 상처를 만진다. "너희가 내 형제들인 이 가장 작은 이들 가운데 한 사람에게 해 준 것이 바로 나에게 해 준 것이다"(마태 25,40).

이는 신비주의적 시각이다(『복음의 기쁨』 87; 92). 이 시각은 신앙의 여정 처음에 나병 환자를 껴안은 아시시의 프란치스코를 기억하게 한다. 마더 데레사의 소명 체험 역시 떠오르게 한다. 마더 데레사는 죽어 가는 사람을 품에 안고 수녀원으로 가면서 성광 안에 모셔진 그리스도를 안고 있는 듯한 체험을 했다. 2014년 9월 21일, 프란치스코 교황은 마더 데레사의 고향인 알바니아에서 공산주의의 공포정치 아래서 끔찍한 고난을 당했던 그리스도인들과 만난 후 교회에 대한 감동적인 말을 했다: 교회는 하느님에게서 받은 위로로 다른 사람을 위로할 수 있다(2코린 1,3-5 참조).

여기서 앞서 언급했던 착한 사마리아인을 모범으로 하는 방법적 인식 체계의 변화가 구체화된다.[84] 착한 사마리아인은 더럽고 먼지 쌓인 길로 내려와 강도의 습격을 받은 사람의 상처를 어루만지고 싸매 주었으며 그의 간호 비용까지 부담한다. 프란치스코 교황은 함께 사는 신비, 서로 어울리고 감싸고 지지하는 만남의 신비, 연대의 행렬과 거룩한 순례에 참여하는 신비(『복음의 기쁨』 87), 이웃의 거룩한 위대함을 볼 줄 알고, 한 사람 한 사람 안에서 하느님을 발견할 줄 아는 신비적 형제애, 관상적 형제애(『복음의 기쁨』 92)에 대해 이야기한다. 혹은 요한 밥티스트 메츠의 말을 인용하면, 이 모든 것은 감아 버린 눈이 아니라 열린 눈의 신비주의다.[85] 이 열린 눈의 신비주의는 힘차게 도와주는 두 손의 신비주의가 된다.

동행하고 돌봐 주는 이러한 사목과 복음화의 길잡이별은 예수님의 어머니이자 우리의 어머니인 마리아다(『복음의 기쁨』 284-288). 전직 교황들의 회칙에는 마지막 장에 마리아를 언급하는 것이 전통이 되었다. 라틴아메리카 출신인 데다 대중 신심과 깊이 연결되어 있는 교황에게 이런 전통은 당연한 것이다. 멕시코의 과달루페, 브라질의 아파레시다 그리고 아르헨티나의 루한은 그 나라뿐 아니라 남미대륙의 중요한 성모 순례지다.

이 순례지에 대한 언급을 교황의 출생지와 그의 문화에 대한 헌사라고 교만하게 경시해서는 안 된다. 오히려 남미대륙의 역사에서 이 중심지에서부터 발산되었고 지금도 발산되고 있는 새로운 복음화의 힘, 종교적 힘을 존중해야 한다. 또한 마리아 없이는 새 복음화의 정신을 결코 완전히 이해할 수 없으며, 교회 자체도 결코 완전히 이해할 수 없다는 사실을 진지하게 받아들여야 한다.[86] 마리아가 없다면 교회의 여성적 표상은 결여된다. 마리아는 복음화의 여정에서 하느님 백성과 동행한다. 가뭄과 어둠의 시기, 어떤 어려움 속에서도 동행한다. 마리아는 복음화의 모범이며, 우리는 그분께 전구轉求를 간청한다. 그래서 교회의 복음화 활동에는 마리아 '방식'이 있다. 바로 온유한 사랑의 혁명이다(『복음의 기쁨』 88; 288).[87]

7
교회 개혁의 전망

프란치스코는 바티리크스와 다른 추문들로 인해 분명해진 위기에서 교회를 구해 내기 위해 교황으로 선출되었다. 프란치스코 교황이 이해하는 선교하는 교회는 개혁의 길을 나아가는 교회다(「인류의 빛」 8; 『복음의 기쁨』 26-27; 43 등). 프란치스코 교황은 이 과제를 과감하게 수행했다. 이와 관련해서 교황청 개혁 같은 개별적 조처는 우리의 흥미를 끌지 못한다. 교황청 개혁은 이제 시작 단계에 있고 완결되기까지 오랜 시간이 걸릴 것이다. 교황청 개혁의 제도적 문제가 아니라 교회 개혁의 본질적 전망을 다루려고 한다. 교회 개혁은 사고방식의 근본적 개혁 없이는 불가능하다. 교황은 심지어 교황 제도의 전환(Konversion)에 대해서까지 거리낌 없이 말한다. 유감스럽게도 독일어 번역은 또다시 '새로운 방향 설정'(Neuausrichtung)(한국어 책은 '쇄신'이라고 번역하고 있다 - 역자 주)이라는 허약한 단어를 선택하고 말았다(『복음의 기쁨』 32).

그는 교황으로 선출된 날 저녁 베드로 성당 발코니에 처음으로 그 모습을 드러냈을 때 이미 자신을 로마의 주교라고 소개했다. 이는 가장 오래된 교황 명칭 중 하나다.[88] 순교자이자 주교였던 안티오키아의 이냐티우스(2세기 중엽)가 '로마교회는 사랑에서 으뜸가는 교회'[89]라고 한 말을 채택한 것이다. 이렇게 한 배경에는 고대 교회의 교회론에 대한 재숙고가 있다. 고대 교회의 교회론에 따르면 로마의 주교는 보편 교회에 대한 사목 책임이 있다. 로마의 주교라 함은 베드로의 후계자직에 덧붙여진 직함이 아니라 베드로의 후계자직의 근원이다.

교황직에 대한 이 같은 이해의 배경에는 제2차 바티칸공의회가 갱신한 공동체(communio)로서의 교회라는 고대 교회의 관념이 있다. 프란치스코 교황은 무엇보다도 앙리 드 뤼박의 저서 『교회에 대한 묵상』을 통해 이 관념에 친숙해진 것 같다.[90] 공동체로서 교회는 고유의 체제를 유지하고 있다. 교회는 각 개별 교회들이 전체 교회로 결합하는 연방주의적 체제가 아니며, 개별 교회들이 중앙 교회에 종속되면서 세계 교회의 관구 역할을 하는 중앙집권적 체제 역시 아니다. 교회는 개별 교회들 안에 현존하며, 개별 교회 안에서 교회는 그 지역에서 구체적인 형태와 모습을 취한다. 유일하고 단일한 보편 교회는 개별 교회들 안에 또 거기에서부터 존재한다(「인류의 빛」 23). 거꾸로 개별 교회들은 유일한 보편 교회 안에서, 보편 교회와 함께, 보편 교회에서부터 산다. 이렇게 하여 세계 교회와 개별 교회 사이에는 상호 침투(Perichorese)가 이루어진다.[91]

보편 교회와 개별 교회의 관계는 지난 몇십 년 동안 자주 논의되어 온 주제였다. 베르골료 추기경 역시 부에노스아이레스의 대주교로서 이 문제 때문에 로마 교황청의 입장과 갈등을 겪기도 했다. 그런데 이제 그가 공동체-교회론의 테두리 안에서 이 주제를 다시 채택하면서 교회의 분권화와 지역 주교들의 권한 강화를 언급하고 있다(『복음의 기쁨』 16; 32). 그는 물론 하나인 교회의 명백한 중심인 베드로 사도좌의 존재를 불확실하게 만들 생각은 전혀 없다. 특히 세계화 시대에서 그리고 교회일치 측면에서 교황직은 주님께서 당신 교회에게 주신 선물임이 틀림없다. 그렇지만 그런 중심을 기쁘게 보호하는 것과 일방적인 로마 중심주의는 다르다. 로마 중심주의는 정당한 자율성(『복음의 기쁨』 115)을 지닌 다양한 문화로 이루어진 세계에서 개별 교회의 정당하고 상대적인 자율성을 공정하게 평가하지 않는다. "지나친 중앙집권은 교회의 생활과 그 선교 활동에 도움이 되기보다는 이를 어렵게 만듭니다"(『복음의 기쁨』 32).

그래서 프란치스코 교황은 요한 바오로 2세의 일치운동에 관한 회칙 「하나되게 하소서」에서 실마리를 얻는다. 교황 베네딕도 16세도 이 제안에 동의한 바 있다. 이제 프란치스코 교황은 두 선임자와 마찬가지로 어떻게 하면 수위권 사명에 대한 본질을 포기하지 않으면서 오늘 이 새로운 시대에 보편적으로 인정받는 수위권 행사 방식을 찾을 것인가에 대해 다른 교파들과 대화할 준비가 되어 있음을 밝혔다.[92] 프란치스코 교황은 이와 관련하여 별로 진전하지 못했음을 확인한다. 그는 이러한 교황직의 쇄신을 요구한다(『복음의 기쁨』 32). 동시에 총대주교좌 교회들의 중요성에 대한 제2차 바티칸공의회의 언명들(「인류의 빛」 23) 역시 상기시킨다. 이런 의미에서 그는 2014년 5월 25일, 예루살렘의 주님의 무덤 성당에서 열린 일치 기도회에서 이 제안을 반복했다. 1964년 바오로 6세 교황과 교회일치에 힘쓴 아테나고라스 총대주교와의 만남 50주년을 기념하기 위한 이날 일치 기도회에는 바르톨로메오 총대주교 그리고 다른 교회 지도자들도 함께했다.

중요한 점은 공동 합의 원칙과의 결합, 또는 공의회성(Synodalität)과 교황 수위권과의 결합이다. 이 둘은 반대가 아니라 서로를 보완한다. 제2차 바티칸공의회는 이 점에 대해 오랜 시간 논의했다(「인류의 빛」 22).[93] 현재는 무엇보다도 시노드 원칙의 개혁이 매우 중요하다. '시노드'는 '신'syn(함께)과 '호도스' hodos(길)라는 두 그리스어를 결합한 말이다. 따라서 일반적인 단어의 뜻으로 공의회성은 사도직과 공동으로 하느님의 온 백성이 함께 길을 가고 있음을 의미한다.

이런 의미에서 예루살렘에서 열린 사도 회의(사도행전 15장)는 나중에 이루어질 전통을 준비한 셈이다. 당시에는 원래 유다인으로 이루어졌던 교회가 유다인과 이방인의 세계 교회로 변화하는 것이 중요했고, 따라서 이는 더 큰 발전을 위한 근본적인 문제였다. 일단 이 문제에 대한 토론이 있었다. 초대교회 때부터 구체적 토론이 있었을 뿐 아니라 시노드처럼 합의를 찾는 과정도 있었다. 당시 이 문제는 사도들과 원로들이 전 공동체와 함께 성령 안에서 일치를 이룬 후 결정이 내려졌다.

이후에도 교회는 신앙에 대한 본질적 문제들이 생길 때마다 공의회나 시노드에서 이와 같은 방식으로 해결했다. 논쟁 속에서 공동의 대답을 구하고 또 찾아냈다. 보편 교회의 차원에서뿐 아니라 개별 교회의 차원에서도 그러했다. 이 시노드 원칙은 19세기와 20세기에 로마 교황 수위권이 일방적으로 강조되면서 점차 잊혔다. 제2차 바티칸공의회는 주교직의 공의회성을 가르치고 주교회의를 강조했으며 사목평의회를 설립함으로써 새로운 출발을 시도했고, 앞으로도 계속 발전시켜 나갈 것이다. 동방정교회에서는 이 시노드 원칙이 여전히 생생하게 적용되고 있었다. 「라벤나 문서」(2007)는 일치를 위한 첫걸음을 시도했는데, 프란치스코 교황은 이를 환영한다고 분명하게 밝혔다.[94] 그런데 유감스럽게도 모스크바 총대주교 측은 이 문서를 거부했다. 그렇지만 가톨릭교회와 동방정교회 공동위원회는 꾸준히 이 주제를 논의하고 있다.

프란치스코 교황은 가톨릭교회 안에서 시노드 원리를 강화하고자 한다. 개별 교회들에서도 보편 교회처럼 행해진다. 보편 교회의 차원에서 무엇보다 중요한 것은 세계주교시노드를 강화하는 일이다. 세계주교시노드는 제2차 바티칸공의회의 자극을 받은(「주님이신 그리스도」5) 교황 바오로 6세의 자의 교서 「사도적 염려」(1965)에 의해 창설되었다. 세계주교시노드는 가톨릭 주교단을 대표하며 베드로좌와 함께 그리고 그 아래서 연대 책임을 진다. 그사이 많은 발전을 이루었지만 아직도 세계주교시노드는 시험 단계에 머물러 있다. 최근에는 지금까지 그 성과가 미미해진 절차와 방식에 대한 불만이 표출되고 있다. 이는 지금까지의 성과를 넘어서 더 성장해야 함을 보여 준다.

교황은 "새로운 복음화의 맥락에서 현대 가정이 직면한 사목적 과제"를 주제로 임시총회를 소집함으로써 이 성장의 첫걸음을 내디뎠다. 시노드 자체보다 '시노드적 과정'에 대해 이야기하는 것이 나을 것 같다. 교황은 설문 조사로 시작했다. 그는 가정 순례지에서 올려지는 기도와 후에는 가정시노드의 도움을 받았다. 2014년 가을에 열린 세계주교시노드 임시총회에서는 문제를 수집해서 '문제의 현상'(status quaestionis)을 밝혔다. 개별 교회와 각 나라 주교회의는 일 년 동안 의견을 모은 다음 2015년 세계주교시노드 정기총회에서 이 질문들을 총괄적으로 심의하고 교황과 함께 결정을 내렸다.

과정과 대화를 중시하는 이 방식에는 하느님의 모든 백성이 참여하게 된다. 그는 민주주의 헌법이나 국민투표를 실행하려는 것이 아니다. 이 방식의 핵심은 다수결이 아니라 성령께서 여러 교회에게 하시는 말씀(묵시 2,7.11.17.29 등)을 함께 주의 깊게 듣는 일이다. 교회 안의 다양한 의견을 들으면서 그리고 모든 이의 신앙 증거가 서로 교류하면서 성령 안에서 복음의 한목소리가 발언되어야 한다. 영의 식별 때 결정권은 오직 주교들과 서품을 통해 진리의 특별한 은사를 받은 이들에게만 주어져 있다.[95] 교리를 가르치는 직위에 있는 사람들은 결정을 내릴 권리도 가지고 있다. 따라서 프란치스코 교황이 주교시노드 임시총회를 마감하면서 제1차 그리고 제2차 바티칸공의회의 언명을 빌려 분명하게 밝혔듯이, 최종적으로는 세계주교시노드와 교황이 결정을 내리게 될 것이다.

시노드적 과정에는 교회가 개별 교회의 다양성, 교회 내 공동체의 다양성 그리고 은사의 다양성 안에 일치를 이루고 있음이 표현되어 있다. 교황은 2014년 11월 29일, 이스탄불의 성령 대성당에서 행한 강론에서 하느님 성령의 활동으로 이룩된 은사의 다양성 안에 이룬 일치의 중요성을 매우 인상 깊게 강조했다. 다양성 속의 일치를 통해 교회가 특정한 교회 내 체제 중심점이나 특정 기관에 의해 지배되는 폐쇄된 시스템이 아니라는 것이 분명해졌다. 교회에서는 아무도 대체할 수 없는 자기만의 능력을 지닌 다양한 은사와 직무 그리고 직위들이 서로 협력하고 있다. 이는 교회 안의 누구도 마음대로 할 수 없으며 오직 성령의 이끄심으로 일어나는 일이다. 주교시노드는 교황을 대신하거나 다수결로 교황의 의견을 거부할 수 없으며, 교황 역시 공동 합의의 원칙과 교회의 공의회성을 배제할 수 없다. 모두가 협력을 통한 공동 작업에 의존해 있다.[96] 이것이 바로 요한 아담 묄러가 말한 가톨릭교회의 이념이다.[97]

8
교회일치운동의 전망

일치와 다양성, 긴장 관계에 있으면서도 조화를 이루는 이 두 단어가 프란치스코 교황의 교회일치 문제에 대한 관점과 교회일치 전망을 말해 준다. 그가 교황으로 선출되었을 때, 어떤 사람들은 일반적으로 가톨릭 대륙이라고 여겨지는 라틴아메리카 출신 주교에게서 교회일치운동에 대한 긍정적인 입장을 기대할 수 없으리라 생각했을 것이다. 그러나 베르골료 추기경을 알고 있던 사람들은 그가 부에노스아이레스의 대주교였을 때부터 교회일치운동을 매우 중요하게 여겼다는 사실을 알고 있다. 베르골료 추기경은 부에노스아이레스에 있는 그리스정교회 주교구 그리고 루터교와 친밀한 관계를 맺고 있었으며, 특히 라틴아메리카뿐 아니라 다른 지역에서도 선풍적인 인기를 끌고 있는 오순절교회와 여러 해에 걸쳐 각별한 친교를 맺고 있었다.

장엄한 즉위 미사 직후 새 교황은 교회 대표자들과 여러 그리스도교 공동체 대표자들과 만난 자리에서, 선임자들의 노선을 따라 '더욱 역점을 두고' 하느님의 계획을 실현시켜 나가고 교회일치를 위한 대화를 계속해 나가겠다는 자신의 의지를 확고히 밝혔다.[98] 『복음의 기쁨』에서는 교회일치운동이라는 주제가 세 단락에 걸쳐 다루어지고 있다(『복음의 기쁨』 244-246; 참조: 『복음의 기쁨』 99-101; 131). 언뜻 보기에 이는 진부하고 새로울 것이 없는 내용이라고 여겨진다. 그럼에도 이 세 단락은 교회일치운동에 대한 모든 의혹을 해소하고, 제2차 바티칸공의회와 공의회가 발표한 교회일치운동 교령인 「일치의 재건」이 보여 준 교회일치운동에 대한 근본적 관심과 열망에 동의한다는 사실을 분명하게 고백한다는 사실 때문만으로도 중요하다. 2014년에 우리는 「일치의 재건」 발표 50주년 기념 행사를 거행했다.

교회일치운동은 제2차 바티칸공의회 이후 많이 발전했다. 개인적 차원과 협업, 모든 차원에서 많은 것이 성장했다. 종교 간 대화 문헌들은 비록 완전한 일치는 아니지만 여러 문제에서 큰 합의를 보여 준다. 그러나 지난 몇 년 동안 모든 진영에서 침체와 피로감을 느끼고 있다. 합의된 결과들이 잘 받아들여지지 않았고, 지금까지 우리가 알아채지 못했던 난점들이 무엇보다 개신교 신자들과의 관계에서 나타났다. 개신교 신자들은 신앙교리성이 발표한 「주님이신 예수님」(2000)의 불필요하게 강경한 표현들에 몹시 언짢아했다. 우리가 서로 일치하지 못하고 있다는 사실이 분명해졌고, 우리가 이룩하려고 노력하는 완전한 일치라는 것이 어떻게 이해되어야 하는가 그리고 교회일치의 길이 어디를 향해 가야 하는가라는 근본적 질문들 역시 점점 더 분명해졌다.[99]

새로운 자극과 새로운 비전이 반드시 필요했다. 프란치스코 교황은 특유의 방식으로 이를 일깨웠다. 그는 만남을 중시하는 사람이다. 그는 2014년 11월 30일, 이스탄불의 성 그레고리오 총대주교좌 성당에서 열린 동방교회의 수호성인 안드레아 사도의 축일 미사 강론에서 이렇게 말했다. "우리가 추구하는 온전한 일치를 복원하기 위해서는 만나서 상대방 얼굴을 보는 것, 평화의 입맞춤을 나누는 것, 서로를 위해 기도하는 것이 근본적으로 중요합니다. 이런 일들이 선행되고, 이 길의 다른 본질적 차원인 신학적 대화가 지속적으로 뒤따라야 합니다. 진정한 대화는 언제나 이름과 얼굴 그리고 삶의 역사를 지닌 사람들 사이의 만남이지 이념 간의 논쟁이 아닙니다."

이 말과 더불어 프란치스코 교황은 아주 인상 깊은 화해의 표현을 드러냈다. 이런 표현은 교회일치운동의 오랜 전통이다.[100] 1975년 12월 14일, 교황 바오로 6세는 시스티나 경당에서 당시 동방교회 교회일치 총대주교였던 데메트리오스가 보낸 사절인 멜리톤 수석대주교 앞에서 무릎을 꿇고 그리스정교회 신자들에게 저지른 과거의 죄를 용서해 달라고 청했다. 이때 교황청의 사람들은 바오로 6세의 이 행동을 이해하지 못했다. 요한 바오로 2세 역시 2000년 대희년 사순 첫 주 '용서의 날' 예식에서 용서를 청했다. 그의 반복된 간청은 공분을 사기도 했다. 베르골료 대주교가 기도를 청하는 표시로 개신교 목사에게 안수를 받았을 때도 강한 비판을 받았다.[101] 교황이 된 후 이스탄불을 방문했을 때 그는 동방교회 교회일치 총대주교 앞에서 고개를 숙이고 강복을 청했다. 이로써 프란치스코 교황은 교황청 내에서 비판을 받은 선임 교황들이 세워 놓았던 최상의 전통 안에 서게 되었다.

여기에 한 가지가 더 추가된다. 프란치스코 교황은 그리스도인들의 일치가 전체적 관계 안에서 인류의 일치와 평화에 기여한다고 밝혔다. 동방교회 교회일치 총대주교와 발표한 공동 선언에서 교황은 '이라크와 시리아 그리고 전 중동 지역의 현 상황에 대한' 우려를 표명하면서 다음과 같이 말했다. "우리는 힘을 합해 평화와 안정을 희구하며 대화와 화해를 통한 갈등 해결을 요청합니다." 교황은 총대주교좌 성당에서 행한 강론에서 이렇게 말했다. "오늘의 세계에서는 우리가 지나칠 수 없는 아주 큰 목소리들이 울려 나오고 있습니다. 그 목소리들은 우리 교회들에게 철저히 주 예수 그리스도를 따라 살라고 간청하고 있습니다." 그런 다음 그는 가난한 이들의 목소리, 분쟁의 희생자들의 목소리, 불신과 체념으로 용기를 잃고 희망 없이 살아가는 청소년들의 목소리를 열거했다.

신학적 측면에도 새로운 자극을 주었다. 복음에서 시작하는 것, 복음과 성경 그리고 선포의 근본적 중요성을 강조하는 것은 개신교의 핵심 관심사와 개혁주의자들의 신학을 더 받아들인다는 것임이 이미 분명해졌다. 개별 교회를 강조하는 공동체-교회론, 교회에 대한 획일적 이해 거부, 자신을 로마의 주교로 칭하는 것, 시노드적 원칙 강조, 수위권 행사에 대한 대화 수용은 동방정교회의 주요 관심사와 일치한다.

교황직의 쇄신(『복음의 기쁨』 32)이라는 놀라운 말은 학술적으로 교회일치를 실현하는 프랑스의 동브 그룹(Groupe des

Dombes)이 발표한 『교회들의 쇄신을 위하여』(1991)를 상기시킨다. 처음부터 다음과 같은 사실은 명확했다: 교회일치운동은 다른 그리스도교인들에게 가톨릭교회의 품으로 다시 돌아오라고 예전보다 좀 더 친절하게 권고하고 초대하는 일이 아니라는 사실이다. 복음화는 교회 스스로를 복음화하는 일, 교회일치는 스스로 쇄신하는 일을 전제한다.

프란치스코 교황은 공의회의 개신교 측 참관인이었던 신학자 오스카 쿨만(1902~1999)이 제시한 "다양성을 통한 일치"라는 입장에 동조한다고 밝힘으로써 신학적 주목을 끌었다.[102] (쿨만은 바오로 6세와 매우 친밀한 관계를 맺고 있던 신학자였다.) 이미 요제프 라칭거가 쿨만의 이 개념에 긍정적 의견을 표시한 바 있다. 바로 이 지점에서도 초기 튀빙겐 학파 전통과의 유사성이 눈에 띈다.[103] 이로써 루터교 세계 연맹에서 "화해된 다양성 안에서의 일치"라는 제목으로 교회일치운동을 주도하게 된 근본 관심사가 가톨릭교회에서 채택되었다.[104] 하느님께서 세 위격(Hypostase) 안에 현존하신다는 삼위일체적 관점을 고려할 때, 이 모델은 동방정교회와의 대화에서도 핵심적인 것이다.[105]

다양성을 통한 일치라는 공식은 가톨릭과 동방정교회 그

리고 루터교 등 각 교파의 기초적인 교회론에 따라 다르게 이해될 수 있으며 또한 거기에 상응하여 다르게 해석되고 있다. 프란치스코 교황은 현재 존재하는 교파들이 서로를 이해하는 것 이상의 것을 의도하고 있다. 그는 전체는 부분보다 크며 전체는 그 부분들의 단순한 총합보다 크다는 원칙에서 출발한다(『복음의 기쁨』 234-237). 그가 제시하는 일치의 모델은 구체球體가 아니다. "구체는 … 모든 점이 중심에서 똑같은 거리에 있으며, 그 점들 사이에 어떠한 차이도 없습니다. 그 대신에, 우리의 모델은 다면체입니다. 다면체는 모든 부분의 집합이고, 각 부분은 그 고유성을 간직합니다. 사목 활동과 정치 활동도 마찬가지로 이러한 다면체 안에 각각의 가장 좋은 부분을 모으고자 합니다."(『복음의 기쁨』 236).[106]

다면체는, 특히 귀한 보석이라면, 고유의 아름다움을 지니고 있다. 그리고 다면체인 프리즘은 빛을 다양하고 아름답게 굴절시킨다. 물론 다면체는 우선 하나의 표상이다. 이 개념을 바탕으로 구체적인 교회일치운동을 실행해 나가야 한다. 그럼에도 독창적이고도 흥미로운 이 표상의 정확한 의미는 깊이 생각해 볼 만하다. 이 표상은 가톨릭교회에서 강조한 한 점을 중심으로 모든 것이 빙 둘러싸고 있다는 구체라는 모델을 대신한다. 이 다면체 표상은 다양한 교파의 고유한 특징을 보존하면서도 전체의 독자성을 훼손하지 않는다. 다면체 모델은 교회일치운동에서 서로에 대해 더 많이 배울 기회를 주며, 서로 보완하고 더욱 풍요롭게 해 준다(『복음의 기쁨』 246). 이것이 바로 성령께서 이루어 주시는 조화며 일치다.

일치에 대한 이러한 관념도 놀라운데, 프란치스코 교황은 이 관념을 동방정교회와 전통적 루터교 그리고 개혁 교회뿐만 아니라 복음주의 기독교와 오순절교회와도 연결시킨다. 이는 새롭고 그 전까지 상상할 수 없었던 진보적 행보다. 프란치스코는 2014년 1월 14일, 미국에서 열린 오순절교회 지도자 회의에 보낸 동영상 메시지를 통해 이미 이 방향으로 나아갔다. 그리고 2014년 7월 28일, 카세르타에서 이루어진 만남과 인상 깊은 강론을 통해 분명하게 실행했다. 그의 이런 행동에 대한 반향은 아주 컸다. 물론 일부는 비판적이며 신중한 반응을 보였지만 많은 오순절교회 신자들은 교황의 행동에 열광적인 환호를 보냈다.

오순절교회의 엄청난 성장 속도에 직면하여 ― 그사이 전 세계 오순절교회 신자는 6억 명에 달한다 ― 교황의 이러한 행보의 의미를 확대해석할 필요는 없다. 지금까지는 개별 교회 차원에서 인간적이고 또 그리스도교적인 접촉이 있었다. 하지만 전체적으로 볼 때 오순절교회의 분위기가 명백하게 가톨릭교회에 적대적으로 나타나고 있고, 가톨릭 쪽에서도 오순절교회에 덜 비판적이고 덜 모욕적이라고 할 수 없는 상황이다. 교황이 용서를 구했듯이, 가톨릭 신자들은 오순절교회 신자들을 광신자, 미친 사람들이라고 불렀다. 교황은 파시즘 정권 시절 이탈리아에서 오순절교회 신자들이 박해받았다는 점을 지적하면서 박해에 가담한 가톨릭 신자들을 용서해 달라고 청한다. 교황에게 오순절교회 그리스도인들은, 야곱의 아들들이 이집트에서 동생 요셉을 되찾았듯이, 되찾은 형제들이다.

교황은 현실적인 사람이다. 그는 우리가 함께 가야 할 길에 대해 이야기한다. 사도좌 정기 방문차 로마에 온 남반구의 주교들은 오순절교회의 지나친 개종 행위로 인한 어려움들과 저항에 대해 하소연한다. 나는 그럴 때마다 주교들에게 이렇게 말하곤 한다: 우리 기준으로 오순절교회가 무엇을 잘못하고 있는지에 대해서가 아니라 우리가 무엇을 잘못하고 있는지, 그래서 우리 신자들이 왜 그리로 빠져나가는지에 대해 이야기해야 한다. 물론 오순절교회의 방식이나 내용에 접근하거나 모든 것을 받아들일 수 없다. 우리는 그들에게서 어떻게 하면 사람들에게 복음적으로 말을 걸고 사람들을 끌어당길 수 있는지 많은 것을 배울 수 있다.

현 상황을 현실적이고 냉정하게 보는 사람은 교회일치가 실현될 때까지 오랜 시간이 걸릴 것이며 결코 쉽지 않을 것이라는 사실을 부인하지 않을 것이다. 교황은 충분히 현실적이다. 그가 형제애와 친교에 대해 이야기할 때, 이미 상황을 충분히 고려하고 있고 외부에 중요한 그리스도교적 증거가 될 것임을 알고 있다. 그 외에도 우리에게는 정말 큰 인내심이 필요하다. 어쨌든 프란치스코 교황은 오순절교회 지도자들에게 보낸 동영상 메시지에서 다음과 같은 말로 끝맺고 있다. "교회일치의 신비는 이미 시작되었습니다."

교회일치는 오늘 이미 모든 교파의 순교자들이 흘린 피의 일치 안에서 시작되었다. 교황 요한 바오로 2세가 오래전에 20세기의 경험을 토대로 순교자들의 일치에 대해 감동적인 연설을 한 바 있으며, 성년인 2000년 로마 콜로세움에서 모든 교파의 대표자들과 함께 교회일치를 위한 거대한 예식을 거행했다.[107] 프란치스코 교황은 21세기의 순교자들을 염두에 두면서 교황 요한 바오로 2세의 생각을 다시 채택했다.

교황은 2014년 10월 31일, 가톨릭 형제회(Catholic Fraternity of Charismatic Covenant Communities and Fellowships)와 만난 자리에서 영성적인 교회일치에 대해 이야기했다. "우리는 함께 기도하고, 예수님께서 주님이심을 함께 선포해야 합니다. 또한 어떤 형태의 가난이든 가난한 이들을 함께 도와야 합니다. 우리는 행동해야 하고, 세계 곳곳에서 많은 그리스도교 순교자에게서 흘러 나온 예수님의 피가 오늘날 우리에게 도전을 요구하고 일치를 재촉하고 있음을 잊어서는 안 됩니다. 그리스도를 박해하는 사람들의 눈에는 우리가 루터교, 동방정교회, 개신교, 가톨릭으로 분열되어 있지 않습니다. 그렇습니다! 우리는 하나입니다. 박해자들에게 우리는 그리스도인입니다. 그들은 다른 것에는 관심이 없습니다. 이것이 오늘날 살아 있는 피의 교회일치입니다." 이러한 피의 교회일치는 그리스도인들을 새롭게 고무해야 한다. 테르툴리아누스의 말이 떠오른다. "순교자들의 피는 새로운 그리스도인을 낳는 씨앗이다."[108]

교황은 교회일치를 향한 길에는 많은 인내가 필요하다는 사실을 잘 알고 있다. 이것은 교회일치와 관련하여 프란치스코 교황에게 중요한 마지막 관점이다. 2014년 5월 25일, 예루살렘의 주님의 무덤 성당에서 열린 교황 바오로 6세와 아테나고라스 총대주교와의 만남 50주년을 기념하는 일치 기도회에서 교황은 이렇게 말했다. "예수님의 제자들인 우리 사이에 존재하는 분열을 부인할 수 없다는 것은 분명합니다. 이 거룩한 장소는 분열의 드라마를 더욱 뼈아프게 느끼게 합니다. 그럼에도 우리는 존경해 마지않는 두 어른께서 만나 포옹하신 지 50년이 지난 지금 감사하는 마음으로 그리고 늘 새롭게 탄복하면서 성령의 격려에 힘입어 교회일치를 향해 정말 중요한 진보를 이룰 수 있었다는 사실을 깨닫고 있습니다. 온전한 친교에 도달하기 위해 아직 갈 길이 멀다는 것을 우리는 분명하게 의식하고 있습니다. 우리가 온전한 친교를 이룩한다면 그것은 같은 성찬례에 참여하는 일에서 드러날 수 있을 것입니다. 우리는 이를 너무도 간절히 열망하고 있습니다. 그렇지만 불일치 때문에 너무 놀라 우리의 길에서 멈춰 서 있어서는 안 됩니다. 주님의 무덤을 막고 있던 큰 돌이 치워져 있었듯이, 우리 사이에 놓인 온전한 친교를 막고 있는 장애물들이 제거될 수 있다는 사실을 믿어야 합니다. 교회일치는 부활의 은총이 될 것이며 우리는 그 은총을 지금 이미 맛볼 수 있습니다."

교황은 인내, 무거운 짐을 짊어지고 가면서도 끝까지 참고 견디는 자세, 그리고 열매 맺을 때까지 인내하는 것을 강조한다(『복음의 기쁨』 24; 44; 105; 146; 165; 171-172; 222). 교황은 '시간은 공간보다 위대하다'는 원칙에서 출발한다(『복음의 기쁨』 222-225). 그는 일시적인 성과를 거두려 하지 않는다. 그는 어떤 위치를 설정하려는 것이 아니라 열매를 맺을 때까지 긴 과정을 진행시켜 나가고 원동력을 계속 만들어 내려고 한다.

그러나 이는 교회일치를 영원히 되돌아오지 않을 날로 미룬다는 뜻이 아니다. 교회일치를 위한 노력의 열매는 산처럼 쌓이는 평가 가능한 문서의 양에서가 아니라 조금씩 쌓이는 서로 간의 화합에서 분명해진다. 무엇보다 교회들과 모든 영역들, 즉 본당과 교구 차원에서, 국제적 차원의 공동체들 사이에서, 교황청과의 관계에서 증대되는 친교와 협력에서 볼 수 있다. 프란치스코 교황은 이 친교의 교회일치를 우선으로 여긴다. 바로 여기에 프란치스코 교황 특유의 인간적인 카리스마가 있다. 그는 친교와 협력은 필수적인 전제 조건으로 신학적 교회일치에 반드시 동행해야 한다고 확신한다. 그러면 온전한 일치는 예수 그리스도가 원하는 방식과 때에 열매 맺게 될 것이다. 교회의 온전한 일치에 아직은 도달하지 못했지만 그리스도인들의 일치와 협력은 이미 분명하게 구체적 형태를 드러내고 있다.

9

종교 간 대화를 새롭게 강조하다

유다교나 다른 종교 또는 다른 문화와 대화할 때는 교회일치 대화와 다른 방식이 적용된다. 이 책에서는 이 주제에 대해 상세하게 다룰 수 없으므로 몇 가지만 언급하고자 한다.[109] 근본적 관점은 제2차 바티칸공의회가 확실히 규정했으며 이후 주교회의와 교황청의 많은 성명을 통해 진척되었고 심화되었다.[110] 교회는 그리스도께서 인류의 빛이심을 믿는다고 고백하며, 교회 자신을 "성사로서, 다시 말해서 하느님과 이루는 깊은 결합과 온 인류가 이루는 일치의 표징이며 도구"(「인류의 빛」 1; 9; 48 등)로서 이해한다. 공의회는 다른 종교에서 발견되는 옳고 거룩한 것은 아무것도 배척하지 않는다. 또한 다른 종교와 문화에 들어 있는 진리의 씨앗을 인정하며 그들과의 대화와 협력을 모색한다(「기쁨과 희망」 3; 「만민에게」 11; 「우리 시대」 1-2).

프란치스코 교황은 자신의 교황직 시작에서부터 공의회의 이 염원을 받아들여 교회일치 대화에서처럼 다른 종교와의 대화에도 자신만의 특성을 각인했다. 그에게는 상이한 문화나 종교적 전통의 공통점에 대해 대화하는 것이 중요하지 않다. 오히려 공동의 과제, 즉 가난한 사람과 약자 그리고 고통받는 사람을 위한 복지, 정의와 화해 그리고 평화, '세상에서 절대자에 대한 갈망을 살아 있게 하는 것'을 중요하게 여긴다. 그러면서 그는 어떠한 종교 전통도 따르지 않는다고 고백하면서도 진리과 선善 그리고 아름다움을 추구하는 이들과 가깝다고 느낀다. 하느님은 그리고 그는 인간의 존엄성을 방어하고 인류의 평화로운 공동생활을 건설하며 창조계를 사려 깊게 보존하는 이들을 동맹자로 여긴다.[111] 근본적으로 그에게 형제애는 세상의 평화를 위한 토대이자 길이다.[112]

이 열망은 프란치스코 교황이 특별히 중요하게 여기는 유다교와의 만남과, 교황의 초청으로 2014년 6월 8일에 바티칸에서 이스라엘 대통령과 팔레스타인 대통령이 함께 평화를 위한 저녁 기도에 참석했을 때 분명하게 드러났다.[113] 더 큰 맥락에서, 교황의 제안으로 다른 교파, 다른 종교 지도자들이 함께 2014년 12월 2일에 바티칸에서 인신매매와 현대의 노예

제도를 반대하는 공동 선언에 서명했다. 종교 지도자들은 강제 노동과 매춘 그리고 장기 매매 역시 반대한다는 의견을 밝혔다. 서명한 모든 종교인과 "호의를 지닌 사람들"이 이런 불의에 맞서 행동하도록 격려하겠다고 다짐했다.

교황이 앙카라와 이스탄불을 방문(2014년 11월 28~30일)했을 때는 서로에 대한 존중과 존경이 이슬람교도들과의 대화를 결정했다. 인간의 존엄성과 인권, 특히 종교의 자유를 인정하며, 아울러 종교의 이름으로 자행되는 테러와 종교적 근본주의를 거부해야 한다. 교황은 극심한 갈등이 지속되는 중동 지역에서 평화를 이룩하기 위해 서로 힘을 합해 노력하자고 호소했다. 이는 교황이 타 종교와의 관계에 대한 공의회 선언, 그중에서도 이슬람교도들과의 만남 부분을 근거로 한 것이다. 또한 터키 주재 교황대사를 역임한 바 있는 교황 요한 23세, 교황 바오로 6세와 요한 바오로 2세 그리고 베네딕도 16세의 발자취를 따라 프란치스코 교황은 거룩한 땅과 터키를 여행했다.

현재 교황직은 아시아에 중점을 두고 있다고 사람들은 말한다. 오랜 문화를 지닌 아시아는 전 세계에 그 영향력이 커지고 있는 만큼 그 중요성도 커지고 있다. 교황은 한국 방문 시

아시아 주교들과 만난 자리에서 아시아와의 대화와 진정한 대화, 가톨릭 신자의 정체성에 대해 분명하게 말했다.[114] 특히 한국 순교자들의 시복식에서 그는 여러 차례 현재 아시아의 많은 순교자에 대해 언급했다.[115] 필리핀과 한국을 제외한 아시아의 나라들에서 그리스도교는 아직 소수 종교에 머무르고 있다. 2014년 한국 방문 이후 교황은 2015년 1월에 스리랑카와 필리핀을 방문하여 아시아와의 관계가 중요하다는 사실을 다른 형태로 다시 한 번 강조했다. 중요한 중국 선교사였던 마테오 리치의 시복이 검토되고 있다는 소식이 들린다. 마테오 리치는 16~17세기에 중국 땅에서 그리스도교 토착화에 큰 성과를 거두었지만 근시안적 무리들에 의해 적대시되었고 그의 활동은 결국 중단되고 말았다. 만약 당시 사람들이 그의 말을 들었더라면 중국 교회의 역사는 다르게 진행되었을 것이다. 멀지 않은 미래에 그곳에서 복음의 문이 활짝 열리기를 희망해 보자.

10
가난한 이들을 위한 가난한 교회

프란치스코 교황의 개혁과 쇄신 의지는 가톨릭교회 내부 문제와 교회일치운동에만 국한되어 있지 않다. 교황 선출 이후 언론인들과 처음 만난 자리에서 그는 프란치스코라는 이름을 선택한 이유를 설명하고는 이렇게 덧붙였다. "저는 가난한 이들을 위한 가난한 교회를 얼마나 간절하게 원하는지 모릅니다!"[116] 이로써 자신이 세운 계획의 폭발력을 천명한 것이다. 프란치스코라는 이름이 가난한 이들을 위한 가난한 교회라는 그의 계획을 확증하고 있는 것이다. 교황은 자신의 비전을 여러 차례 반복했다. 『복음의 기쁨』(53-60; 197-291 등)에서도 이 비전을 다시 한 번 상세하게 서술했다.[117]

그의 이 계획은 관심을 끌었지만 비판적인 물음 또한 제기되었다. 이런 물음들이다: 가난한 교회가 동시에 가난한 이들을 위한 교회일 수 있는가? 가난한 이들을 돕기 위한 자금은 필요하지 않은가? 가난한 이들을 돕기 위해 병원과 학교, 양로원 그리고 다른 시설들은 필요하지 않은가? 그리고 교회 역시 그 일을 수행하기 위해 세속적인 자금이 필요하지 않은가? 이 모든 질문을 부정하는 건 너무 순진한 태도일 것이다.[118]

이 문제는 교회가 세속적 재산을 소유하느냐 마느냐가 아니라 어떻게 그리고 특히 무엇을 위해 위탁받은 재산을 사용하느냐에 관한 것이다. 교회는 재산을 우선적으로 가난한 이들을 위해 사용하는가 아니면 자신의 안전과 이익을 위해 쓰고 있는가? 교회의 돈과 재화의 사용이 투명하며, 투명한 절차를 통해 결정되는가? 프란치스코 교황은 바티칸의 재정을 개혁하면서 훌륭한 본보기를 보여 주었다. 교황청뿐만 아니라 개별 교회들도 이를 본받아 다른 부분에서 개혁을 실행해 가야 한다. 근본적인 문제는 물론 아직 건드리지 않았다.

프란치스코 교황이 가난한 교회를 선택한 것은 궁극적으로 그리스도론에 그 근거를 두고 있다(『복음의 기쁨』 198; 232).[119] 예수님께서는 가난한 이들에게 복음을 선포하시기 위해 오셨다(루카 4,18 참조). 산상설교의 참행복에 관한 첫 말씀은 이것이다. "행복하여라, 마음이 가난한 사람들, 하늘 나라가 그들의 것이다"(마태 5,3; 참조: 루카 6,20). 이 말씀으로 예수님은 부를 경멸하지도, 가난을 이상화하지도 않는다. 구약성경의 관점에서 부는 하느님의 축복으로 이해될 수도 있다. 그러나 예수님은 부의 위험성도 알고 있었다. 부는 거짓된 안정감에 빠지게 하고 하느님 나라의 씨앗을 질식시킨다(마태 13,22). 하느님 앞에서 가난하다는 것은 세상 재물이 아니라 오직 하느님에게 희망을 건다는 뜻이다. 따라서 자발적 가난은 다가올 하느님 나라를 알려 주는 예언자적 표징이다.

예수님은 자신의 삶으로 이 표징의 전형적인 예를 보여 주셨다. 필리피 신자들에게 보낸 서간에는 초대교회 때부터 전해 내려오는 '그리스도 찬가'를 바오로 사도가 인용한 부분이 있다. "그분께서는 하느님의 모습을 지니셨지만 … 오히려 당신 자신을 비우시어 종의 모습을 취하시고 사람들과 같이 되셨습니다"(필리 2,6-7). 바오로 사도는 이 모티브를 채택했다. "그분께서는 부유하시면서도 여러분을 위하여 가난하게 되시어, 여러분이 그 가난으로 부유하게 되도록 하셨습니다"(2코린 8,9). 그러므로 교회는 예수님을 따라 다른 이들이 부유하게 되도록 스스로 가난해야 한다.

예루살렘 초기 공동체는 모든 사람이 모든 것을 공동으

로 소유했다(사도 2,44). '가난한 이들'은 예루살렘 초기 공동체가 스스로를 지칭하는 명칭이었다(로마 15,26; 갈라 2,10). 이 본보기는 교회사 안에서 되풀이하여 영향을 미쳤다. 고대 교회의 수도승생활은 이 본보기를 출발점으로 삼았으며 그렇게 하여 오늘날까지 지속되는 가난 운동이 시작되었다. 중세에는 강력하고 부유한 교회에 반대하는 운동이 거듭해서 일어났다. 가장 널리 알려져 있고 또 오늘날까지 유효한 가난 운동은 아시시의 프란치스코에 의해 시작된 것이다.

제2차 바티칸공의회에서도 가난한 교회라는 주제가 한 역할을 했었다. 교황 요한 23세가 이미 1962년 9월 11일, 공의회 준비 연설에서 가난한 이들의 교회에 대해 이야기했다. 이 관심사는 공의회 문헌에서 지배적인 주제가 되지 못했다. 그러나 이 주제가 빠져 있는 건 아니다. 기초가 되는 본문은 교회 헌장에 들어 있다. "그리스도께서 가난과 박해 속에서 구원 활동을 완수하셨듯이, 그렇게 교회도 똑같은 길을 걸어 구원의 열매를 사람들에게 나누어 주도록 부름 받고 있다. … 이렇게 교회는 … 현세의 영광을 추구하도록 세워진 것이 아니라 자신의 모범으로도 비움과 버림을 널리 전하도록 세워진 것이다. … 이와 같이 교회도 인간의 연약함으로 고통받는 모든 사람을 사랑으로 감싸 주고, 또한 가난하고 고통받는 사람들 가운데서 자기 창립자의 가난하고 고통받는 모습을 알아보고, 그들의 궁핍함을 덜어 주도록 노력하며, 그들 안에서 그리스도를 섬기고자 한다"(「인류의 빛」 8). 사목 헌장에 쓰인 다음 진술이 가장 유명하다. "기쁨과 희망, 슬픔과 고뇌, 현대인들, 특히 가난하고 고통받는 모든 사람의 그것은 바로 그리스도 제자들의 기쁨과 희망이며 슬픔과 고뇌이다"(「기쁨과 희망」 1).[120]

바로 이러한 정신으로, 공의회가 끝나기 직전인 1965년 11월 16일, 주교 40명이 로마의 도미틸라 카타콤바에 모여 '섬기는 교회, 가난한 교회를 위한' 이른바 카타콤바 협정에 서명했다. 그 후 주교 500명이 이 협정에 서명했다. 그들은 생활 방식, 사제 복장, 칭호 그리고 가난한 이들을 위한 노력 등과 관련하여 스스로에게 부과한 여러 의무를 지키겠다고 선언했다.[121] 최초 서명자 중에는 헬더 카마라 주교, 알로이시오 로르샤이더 주교 그리고 독일 에센의 보좌주교였던 율리우스 앙거하우젠 등이 있다. 공의회 이후 서명한 주교로는 산살바도르의 대주교 오스카 로메로를 들 수 있겠다. 로메로 주교는 1980년 3월 24일에 미사를 올리던 중 독재 정부가 보낸 군인들에 의해 사살당했는데, 가톨릭의 사회교리에 따라 농민들의 권익 보호에 앞장섰기 때문이다.[122] 로마 교황청 안에서 그를 달갑게 여기지 않는 사람이 여럿 있었다. 그런데 프란치스코 교황이 그동안 진척을 보이지 않던 시복 절차를 재개했다. 진리와 정의의 이 의연한 증인을 복자로 인정한다면 그것은 중요하고도 간과할 수 없는 표징이 될 것이다(로메로 대주교는 2015년 5월 23일에 시복되었다 – 역자 주).

공의회 이후 해방신학이 이 주제를 다시 채택했다. 1968년에 메데인에서 열린 제2차 라틴아메리카주교회의는 '가난한 이들을 위한 선택'이라는 사목 원리를 세웠다. 1979년 푸에블라에서 열린 주교회의에서는 '가난한 이들을 위한 우선적 선택'이라는 언급이 있었고, 2007년 아파레시다에서 열린 제7차 주교회의 총회는 푸에블라 주교회의의 결정을 재확인했고 이를 그리스도론적으로 확증했으며 '소외된 이들을 위한 선택'이라는 사목 원리를 덧붙였다.[123] 「아파레시다 문헌」의 총책임자는 편집위원장을 맡고 있던 호르헤 베르골료 추기경이었다. 따라서 『복음의 기쁨』 곳곳에 「아파레시다 문헌」이 인용된 것은 그리 놀라운 일이 아니다.[124] 가난한 이들을 위한 우선적 선택이라는 사목 원리는 라틴아메리카의 특성으로 그치지 않았다. 교황 요한 바오로 2세와 베네딕도 16세가 자신들의 교의 선포에 이 원리를 받아들였다.[125] 베네딕도 16세는 아파레시다 주교회의 개회식 연설에서 이 사목 원리를 그리스도론적으로 확증했다. 2011년 9월 25일, 독일 방문을 마감하는 프라이부르크 연설에서 베네딕도 16세는 '탈세속화'라는 단어를 사용했는데, 이는 프란치스코 교황이 지금 말하는 내용과 근본적으로 전혀 다르지 않다. 당시 사람들은 베네딕도 16세를 거의 이해하지 못했으며 또한 이해하려고 들지도 않았다.[126] 이제 프란치스코 교황은 자신의 말뿐 아니라 단순하고 소박한 생활 방식, 행동, 몸짓을 통해 무엇에 중점을 두고 있는지 구체적이고 분명하게 보여 주고 있다.

가난한 이들을 위한 선택과 가난한 교회라는 사목 원칙은 프란치스코 교황이 오랜 전통 가운데 서 있음을 보여 준다. 교회 전통 전체에 가난한 이들을 위한 우선적 선택에 관한 증거가 있다는 그의 말은 옳다(『복음의 기쁨』 198). 이로써 그는 종종 간과되는 공의회의 관심사를 받아들이고, 공의회 수용의 새로운 단계를 열고 있다. 지금까지 공의회의 가르침들은 교회 내부 개혁과 전례 개혁 그리고 구조 개혁 측면에서 숙고되었다. 이제 교회는 변두리나 새로운 사회 문화적 환경을 향하여 나아가야 한다(『복음의 기쁨』 30).

프란치스코 교황이 이를 실현하기 위해 세운 계획은 이제 식상하고 피상적인 말이 되어 버린 복음의 기쁨과는 전혀 다른 것이다. 그는 무엇보다 성직의 영적 세속성을 날 선 언어로 비판한다. 재산, 영향력, 특권에 대한 집착, 조직과 계획 혹은 교의와 율법의 안전성 추구, 권위적인 엘리트 의식 또는 사회적 일정으로 빽빽한 생활 방식으로 표현되는 영적 세속성은 프란치스코 교황에게 교회를 위협하는 가장 끔찍한 유혹이다(『복음의 기쁨』 93-97; 207). 이는 다루기 힘들고, 저항을 일으킬 수 있는 자극적이고 도발적인 주제이자 아픈 주제이다. 하지만 예수님이 선포하신 복음 역시 천진무구하지만은 않다.

이 도전은 모든 사람에게 제기된다. 그리고 이 도전은 지위가 높거나 낮은 성직자뿐 아니라 교회에 봉사하는 평신도의 생활 방식에도 해당된다. 수도자도 마찬가지다. 그들은 수도생활을 시작하면서 세속 재산의 소유를 포기한다는 뜻으로 청빈을 서약했지만, 일반적으로 볼 때 — 독일에서뿐만 아니라 다른 나라에서도 — 수도원 공동체를 통해 제도적으로 매일의 생계가 보장되고, 병간호나 노후 대책에 대한 보장이 세속의 그리스도인 대부분보다 결코 적다고 할 수 없다.[127] 제도적 차원과 마찬가지로 개인의 생활 방식에서도 단순함, 소박

함, 검소함이 요구된다.

교회와 교회 대표자 그리고 교회 구성원에게 요구되는 이러한 생활 방식을 사람들은 비현실적이라고 무시하거나 불편해할 수 있다. 물론 부당하고 불쾌하게 느낄 수도 있다. 때때로 자기만 옳다고 하거나 심지어 사람들에게 인정받고 싶어 하는 사람과 함께 악의를 품고 스캔들을 만들어 낼 수도 있다. 그럼에도 복음을 바탕으로 사는 그리스도인인 우리는 솔직한 자세로 이 요구들 앞에 서야 한다.

교회 — 독일의 큰 두 교파인 가톨릭과 개신교 — 에 대한 이런 요구는 새로운 것이 아니다. 여기서 디트리히 본회퍼와 알프레트 델프, 두 사람을 언급하고 싶다. 이들은 지난 세기 교회일치의 위대한 증인으로서, 부유하고 권세 있는 교회와 작별해야 한다는 사실을 분명하게 예상했다.[128] 사람들은 두 사람의 말을 자주 인용하지만, 이 문제에 관해서는 귀담아듣지 않았다. 독일 교구 공동 시노드(1971~1975)는 가난이라는 문제를 다시 자각하기 위해 노력했다.[129] 그러나 그 당시 이미 칼 라너가 독일 교회는 가난해질 능력이 없다고 한탄했다.[130]

프란치스코 교황은 가난한 이들을 위한 가난한 교회를 이루려는 자신의 계획의 일환으로 교회를 향해 진지한 물음을 던진다. 그의 이 도전은 제도로서의 교회, 교회의 자기 과시, 교회가 돈과 재산을 다루는 방식에 맞선다. 이 도전은 무엇보다도 독일의 교회와 같은 풍요로운 사회 안에 있는 부유한 교회들을 겨냥한다.[131] 독일에서는 이미 대부분 극복된 봉건주의적 체제로 돌아가려는 시도들이 일부 가난한 교회들에서는 행해지고 있다. 그렇지만 교회는 정치적·사회적 영향력, 명성, 계획과 기획, 조직만을 중시할 것이 아니라 영적 힘을 발산하는 일에 집중해야 한다.

프란치스코 교황은 우리가 가난한 이들을 위한 가난한 교회가 되어 복음의 기쁨과 활기를 되찾고, 우리의 희망을 하느님께 두고 그분의 섭리를 세울 때 우리를 자꾸 아래로 끌어당겨 마비시키는 힘인 아케디아*acedia*(나태)를 극복할 수 있고 눈길을 위로 향해 영적 활기를 되찾을 수 있다고 확신한다. 요한 돈 보스코와 마더 데레사 같은 위대한 성인들이 이미 모범을 보여 주었다. 이것은 진보적인 것이 아니라 근본적이고 매우 도전적인 개혁 계획이며 사람들과 하느님에게(마태 5,3) 가난하자는 쇄신이다. 프란치스코 교황은 우리가 바로 이 기쁨을 가난한 이들에게서 배울 수 있다고 굳게 믿는다(『복음의 기쁨』 198).

11
오늘날 세상의 도전들

오늘날 세상에서 교회는 많은 도전을 받고 있다. 평화가 위협받고 있으며, 박해 혹은 극단적 가난으로 인해 사람들이 피난길로 내몰리고 있다. 서로 다른 문화와 종교 간 대화가 필요하며, 자연환경 보존과 생명 보호 또한 시급하다. 가정은 위기에 빠졌고 자연과학과 기술의 진보 역시 여러 문제를 제기한다. 지식과 정보가 증대되고 있지만 동시에 사람들은 방향을 잃어버렸다. 이런 현상과 직접 관련되어 문화의 변화가 일어나고 있으며 이는 곧 가치관의 변화를 야기한다. 세속화와 상대주의 역시 교회에 주어진 도전이다(『복음의 기쁨』 52; 64). 프란치스코 교황은 『복음의 기쁨』에서 이런 다양한 도전 중에서 무엇보다 사회적 도전, 특히 가난한 사람들과 가난의 문제에 주목한다(『복음의 기쁨』 52; 60-67; 4장 전체). 프란치스코 교황에게 오

늘날의 가난은 가난 그 자체보다 다른 많은 문제와 연결된 핵심 문제다.[132]

그는 가난과 빈곤의 인정사정없는 처참함을 잘 알고 있다. 특히 남반구의 상황이 그러하다. 남아메리카 출신 교황은 그곳의 갈등을 직접 체험했다. 그는 세계화가 가져오는 긍정적인 결과들을 간과하지 않는다. 그러나 그는 주변인의 시각에서 세계화가 수백만의 사람들에게 가져오는 파괴적인 결과들을 유럽인의 시각보다 훨씬 더 분명하게 파악한다. 그가 보통 일반화시킬 수 없는 극단적인 예들을 드는 것도 바로 이 때문이다. 그러나 세계화 상황을 가차 없이 드러내는 그의 예들을 쉽게 무시할 수는 없다. 교황이 원하는 것은 '소모품처럼 사용되고 버려지는' 수천만 사람들의 상황을 직면하면서 예언자처럼 부르짖고 경고하는 일이다(『복음의 기쁨』 53). 이런 상황을 대하는 무관심의 세계화에 맞서 교황은 목소리를 높인다(『복음의 기쁨』 54). 그는 가난한 이들이 부르짖는 소리를 들으라고 호소한다(『복음의 기쁨』 187). 그러면서 그는, 예언자들이 그러하듯이, 때로 격한 말도 서슴지 않는다. 그는 2014년 10월 28일, 바티칸에서 열린 민중운동세계대회(the World Meeting of Popular Movements)에서 행한 연설에서 자신의 의견을 다시 한 번 매우 분명하게 제시했다.

그의 이런 언급들은 당연히 언론의 지대한 관심을 모았으며, 한편으로는 심한 비판도 받았다.[133] 그러나 그들은 교황이 『복음의 기쁨』을 발표한 것이, 사회문제를 세부적으로 다루는 문헌이나 시장경제에 관한 분석서를 쓸 의도가 아니었다는 것을 유념하지 않았다(『복음의 기쁨』 15; 184). 시장경제에 대한 분석은 교황의 과제가 아니며 그의 영역도 아니다. 가난한 이들을 위한 가난한 교회를 이룩하겠다는 교황의 계획은 일차적으로 교회적이고 사목적이며 영성적인 계획이다. 문학의 갈래로 보자면 읽는 이의 마음을 흔들고 용기를 불어넣고자 하는 권고(exhortatio) 서한이다. 그리스도인들이 새로운 복음화 단계로 들어서도록 권고하며(『복음의 기쁨』 1), 더 나아가 오늘의 세계가 복음화가 의미하는 도전들에 눈길을 돌리게 한다.

교황은 복음을 근거로 한 영적 식별이라는 그에게 익숙한 방법으로 대응하려 한다(『복음의 기쁨』 50-51). 그는 잘못된 경제로 이끄는 잘못된 기본자세를 폭로하려고 한다. 그에게 경제는 사람들 사이에서 물물교환을 통해 이루어지는 의사소통 행위다. 따라서 거대한 집단의 가난은 그저 자연스러운 운명이 아니라, 인간을 한 개체로만 이해하고 이용하는 개인주의로 인해 사회적 유대, 특히 가족의 유대가 파괴된 잘못된 경제의 결과다(『복음의 기쁨』 67).

그렇기 때문에 사회적 위기는 인간학적 위기다. 사람이 아니라 돈이 중심에 있으며 돈이 만사를 규정하는 우상이 되었다(『복음의 기쁨』 55). 걷잡을 수 없는 소비 지상주의는 인간을 오직 경제적 인간(homo oeconomicus), 즉 오직 생산하고 소비하는 인간으로 축소시키고 말았다(『복음의 기쁨』 60; 63; 67). 교황은 바로 이런 현상에 여러 차례 반기를 든다. 그는 인간을 배척하고 소모품으로 전락시키는 경제를 거부하며, 물신주의와 절대적인 자유시장주의에 반대한다. 그리고 사람에게 이바지하는 대신 사람을 지배해 버리는 돈을 거부하며 폭력을 야기하는 사회적 불균형에 반기를 든다(『복음의 기쁨』 53-60).

특히 비판을 받은 시장경제에 대한 교황의 언급들은 이런 전체 맥락에서 제대로 이해될 수 있다. 무엇보다도 "그러한 경제는 사람을 죽인다"는 문장이 많은 저항을 불러일으켰다. 우리는 이 문장을 정확하게 읽어야 한다. 교황 권고에는 "경제는 사람을 죽인다"가 아니라 "'그러한' 경제는 사람을 죽인다"라고 쓰여 있다. 다시 말해서 일정한 형태의 경제가 사람을 죽인다는 뜻이다. 이는 세계의 많은 나라에서 확인되는 자본주의 체제의 폐해에 대한 비판으로 이해되어야 한다. 그러나 이 진술들은 한 걸음 더 나아가 자본주의 체제의 근본적 오류를 지적한다.

프란치스코 교황은 무엇보다도 경제적 성장이 언젠가 가난한 사람들에게도 흘러 들어가 그들에게 좋은 영향을 미칠 것이라고 보는 이른바 '낙수 효과'(trickle-down) 이론에 대해 비판적이다(『복음의 기쁨』 54).[134] 이 이론은 궁극적으로 고전 경제학의 창립자인 애덤 스미스(1723~1790)에게 연원을 둔다. 레이건이 미국 대통령으로 재직하고 있던 시기에[135] 이 이론은 정치적으로 높은 지지를 받았고, 그 결과 시장에 대한 규제가 지나치게 완화되고 말았다. 경제 전문가들 사이에서 이 이론은 논의의 여지가 많다. 이 이론의 지지자들은 아주 많은 사람이 실제로 극도의 가난에 시달리고 있다는 사실을 인정하지만, 이런 가난의 상황이 세계 경제적 기획들을 통해 분명히 개선되었다고 주장한다. 그들은 그 근거로 2013년 유엔이 발표한 세계경제 보고서를 제시한다. 그 보고서에 실린 숫자들에는 물론 이의를 제기할 수 없겠다. 하지만 그렇다고 해서 그토록 많은 사람이 처해 있는 가난의 실제적 문제가 해결된 것은 아니며 그런 비참한 가난을 야기하는 경제체제의 근본적 문제들 역시 결코 해결되지 않았다.

프란치스코 교황은 역대 교황들의 사회 회칙들과[136] 『간추린 사회교리』[137]를 매우 자주 인용한다. 그는 가톨릭교회의 사회교리 정신을 출발점으로 삼아, 자선과 개인적 원조 그리고 교회의 구제 제도와 구제 프로그램 등이 개별적인 경우에 정말 많은 도움이 된다고는 하지만 그런 제도 이상의 광범위한 개선책이 중요하다고 말한다(『복음의 기쁨』 202). 사목자를 포함한 모든 그리스도인은 더 나은 세계를 이룩하기 위해 노력해야 하며(『복음의 기쁨』 183), 가난을 야기하는 구조적 원인들을 제거하고(『복음의 기쁨』 202), 인간 전체를 위한 발전을 장려하며(『복음의 기쁨』 181-182), 가난한 이들의 온전한 발전을 촉진하기 위해(『복음의 기쁨』 188; 203) 진력해야 한다. 구조적 변화와 더 공정한 사회질서를 이룩하기 위한 갖은 노력이 필수적으로 요구된다(『복음의 기쁨』 202-207; 217-221). "그러나 선교는 거래나 투자도 아니고 심지어 인도주의적 활동도 아닙니다. 광고에 따라 모인 관객의 수를 세는 공연도 아닙니다. 선교는 그보다 훨씬 더 깊은 것이며 그 무엇으로도 가늠할 수 없습니다"(『복음의 기쁨』 279). 가난에 대한 교황의 언설을 비판하는 말에는 이러한 총체적 접근 방법이 대부분 간과되었다.

교회의 사회교리는 세상의 재화가 모든 사람의 소유라는 사실에서 출발한다(『복음의 기쁨』 190; 192). 프란치스코 교황은 요한 크리소스토무스 교부의 말을 인용한다. "자신의 재산을 가난한 이들과 나누어 갖지 않는 것은 그들의 것을 훔치는 것이며 그들의 생명을 빼앗는 것입니다"(『복음의 기쁨』 57). 모든 사람이 이 세상과 이 세상이 제공하는 재화에 일정한 몫을 갖고 있으며, 집과 일자리를 가질 권리가 있다. 사람들은 일을 통해 사회의 발전과 진보에 기여하고 참여할 수 있다. 일은 인간의 존엄에 상응한다. 일을 할 수 있을 때 비로소 사람들은 경제적 발전 과정의 수동적 수혜자와 객체의 역할을 벗어나 능동적으로 그 발전 과정에 참여하며, 이로써 그 과정의 주체가 될 수 있다.[138] 가난한 사람들은 이 발전 과정에 기여할 수 있다. 한 걸음 더 나아가 우리는 가난한 이들로부터 많은 것을 배워야 한다(『복음의 기쁨』 198). 교황은 특히 유럽과 전 세계 젊은이들의 일자리의 질과 실업 문제를 핵심 문제로 여긴다. 그는 앞에서 언급한 민중운동세계대회에서 한 연설에서 이 점을 다시 한 번 분명하게 언급했다.

개인의 존엄에 바탕을 둔 상호 보완성의 원칙에 모든 인간의 연대 원칙이 더해진다. 이러한 관점에서 프란치스코 교황은 시급하고 중요한 두 번째 문제를 언급한다. 바로 이민과 피난 그리고 난민 수용 문제다. 이방인, 위급한 상황에 빠진 사람들 그리고 박해받는 사람들을 따뜻하게 대하는 자세는 구약과 신약 성경에서 근본적 의무로 여겨지고 있으며, 반대로 이방인을 적대하는 자세는 그리스도인들 사이에서 있을 수 없고 또 있어서는 안 된다(창세 18,1-15; 이사 58,7; 지혜 19,13-17; 마태 25,35; 로마 12,13; 히브 13,2).[139] 교황 비오 12세는 난민 수용을 그들의 인권이라고 표현했다.[140] 사람들은 지난 몇십 년 동안 이런 언명들을 교묘하게 약화시키고 말았다. 프란치스코 교황은 이제 예언자적 언어를 되찾았고, 그러면서 저항을 불러일으킬 수 있는 아주 강력하고 분명한 단어를 선택했다. 하지만 교황은 성경의 언어로 묻는다. "네 아우는 어디 있느냐?"(창세 4,9;『복음의 기쁨』 210-211).[141]

교황이 즉위 후 첫 사목 방문지로 이탈리아 람페두사 섬을 택한 것은 매우 주목할 만하다. 람페두사는 난민들이 처한 비참하고도 극단적인 상황뿐 아니라 유럽 공동체의 실패와 좌절이 너무도 분명하게 드러나는 장소다. 2013년 7월 8일, 그곳에서 교황은 연대 의식의 상실과 무관심의 세계화 그리고 사람들의 냉담을 날카롭게 비판했다. 2013년 9월 10일, 로마의 중앙 난민 수용소인 아스탈리를 방문한 교황은 다음과 같이 말했다. "연대, 이 말은 고도로 발전된 세계에 불안감을 안겨 줍니다. 사람들은 이 말을 입 밖으로 꺼내지 않으려고 애를 쓰고 있어요. 연대라는 단어는 그들에게 욕이나 마찬가지입니다. 그러나 이 단어는 우리의 단어입니다!" 이와 관련하여 그는 난민들이 우리에게 그저 어려운 문제만 안겨 주는 것이 아니라 우리 문화에 기여할 수도 있다는 점을 강조한다. 교회는 약자 편에 서야 한다. 가난한 이들을 받아들이고 정의에 기여하는 일은 전문가들에게만 맡길 일이 아니라 사목을 맡은 모든 이가 주의를 기울여야 할 일이다.

그러나 교황은 시장경제를 근본적으로 반대하는 사람이 아니다. 그가 비판하는 자본주의의 대상은 시장의 절대 자율과 금융 투기(『복음의 기쁨』 56)이며, 요한 바오로 2세와 마찬가지로 이데올로기만 주장하면서 점점 세계화되고 있는 고삐 풀린 자본주의다. 이런 자본주의에서는 자유경제가 사회적 법체제 안에 통합되어 있지 않고, 만사가 자본 활용의 이해관계에 의존하고 있다. 그렇게 하여 결국 삶의 모든 분야가 경제화되고 만다(라인하르트 마르크스 추기경). 그런데 우리가 사회적 시장경제라고 부르는 경제 형태는 이런 경제 형태와 구별된다.

사회적 시장경제는 기업과 시장, 사유재산 그리고 인간의 창의성의 역할을 진지하게 받아들이지만, 다른 한편으로 이 모든 것을 사회질서의 테두리 안에 집어넣고 또 이것들이 인간의 자유와 인간 공동체에 이바지하는 데 쓰이도록 한다.[142] 개인의 권리라는 의미에서의 인권뿐 아니라 민족들의 권리, 특히 가난한 민족들의 권리가 중시되어야 한다. 지구는 온 인류의 것이기 때문이다(『복음의 기쁨』 190).

프란치스코 교황은 선임자인 베네딕도 교황이 제시한 사회교리의 노선을 따르고 또 발전시키고 있다. 교회의 고전적 사회교리는 정의의 이념에서 출발하는 데 비해 베네딕도 교황과 프란치스코 교황은 한 걸음 더 나아간다. 베네딕도 교황은 사회교리의 근거를 정의보다는 사랑에서 찾는다. 그렇다고 해서 그가 정의를 사랑으로 대체시키는 것은 아니다. 그보다도 그는 정의의 의미를 더욱 강화하고 있다. 사랑은 정의를 폐기하는 것이 아니라 정의를 전제하며 능가한다. 정의는 최소한의 사회적 의무이며 사랑은 최대한의 의무이다.[143] 이런 의미에서 사랑은 "친구나 가족, 소집단에서 맺는 미시적 관계뿐만 아니라 사회, 경제, 정치 차원의 거시적 관계의 원칙"[144]이 된다.

프란치스코 교황은 여기에 자비에 관한 복음을 연결시킨다. 이것이 그에게 정의는 더 이상 아무런 역할도 하지 않는다는 뜻이 아니다. 그는 여러 번 정의를 언급한다.[145] 그는 사랑이 핵심인 복음의 사회적 차원을 강조하고자 한다(『복음의 기쁨』 176-179; 193-194). "이런 이유로 사랑의 봉사는 교회의 사명을 이루는 구성 요소입니다"(『복음의 기쁨』 179). "하느님께서 우리 가운데서 다스리시는 그만큼, 사회생활은 보편적인 형제애, 정의, 평화, 존엄의 자리가 될 것입니다"(『복음의 기쁨』 180). 참다운 신앙은 세상을 바꾸고 선한 가치를 전달하며 지구를 이전보다 조금이라도 나은 곳으로 물려주려는 간절한 열망을 품고 있다(『복음의 기쁨』 183). 그런 노력이 없다면 종교적 수련은 열매를 맺지 못하며 공허한 위선적인 말에 지나지 않는다(『복음의 기쁨』 207).

프란치스코 교황은 구체적인 경제 계획을 제시하려는 게 아니다. 그에게 중요한 것은 돈이 맘몬, 즉 우상이 되어 버린 인간학적 위기다(『복음의 기쁨』 55). 그는 소유가 아니라 베풂과 나눔이 기준이 되는 새로운 생활 문화와 새로운 생활 방식을 요구한다(『복음의 기쁨』 57). 또한 그는 사는 데 꼭 필요한 것만 소유하는 데 만족하는 태도를 요구한다. 그러면 정신이 분산되는 것을 막을 수 있고 본질적인 것과 하느님을 향한 눈길이 새롭게 열린다. 무엇보다도 가난한 이들과의 연대는 하느님과 우리의 관계에 직접적인 영향을 미친다(『복음의 기쁨』 196-197).

교황의 총체적인 사회윤리적 접근 방법은 생명 보호주의자들의 오해를 받고 있다. 그들은 교회가 태아의 생명 보호에 적극적이지 않다고 주장한다.[146] 현 상황에서 태아의 생명 보호 운동은 분명 중요하다. 하지만 생명 보호는 생명의 시작과 끝에만 해당되는 것이 아니다. 물론 두 부분이 아주 중요하지만 말이다. 생명 보호는 생식될 때부터 자연사에 이르기까지 삶 전체에 걸쳐 이루어져야 한다. 생명 보호는 탄생과 함께 사회정의를 위한 노력을 포괄한다. 생명 보호는 가난한 사람, 병든 사람 그리고 고통받는 사람들에 대한 인류 전체에 대한 관심을 포함한다. 그렇기 때문에 우리는 교회의 도덕적 가르침은 그 관점이 아무리 중요하고 또 근본적이라 해도 몇 가지 관점에 한정시켜서는 안 된다(『복음의 기쁨』 39).

새로운 생활 문화는 창조계를 대하는 자세를 포함하며 생태학적 질문을 던진다.[147] 교황 베네딕도 16세가 이미 생태학적 질문에 대한 신학적 성찰을 시작했다.[148] 프란치스코 교황은 2013년 3월 19일에 열린 즉위 미사 강론에서 수호자

(Custos) 요셉 성인을 언급했으며, 하느님께서 창조하신 세상을 온유하게 대하는 자세에 관해 이야기했다. 이 점에서 아시시의 프란치스코는 그의 모범이다.[149] 『복음의 기쁨』에서 그는 이렇게 쓰고 있다. "우리는 하느님께서 우리를 살게 해 주신 이 아름다운 행성을 사랑합니다. 그리고 우리는 여기에서 … 살아가는 인류 가족을 사랑합니다"(『복음의 기쁨』 183; 참조: 190). 인간은 하느님께서 창조하신 세상의 수호자여야 한다(『복음의 기쁨』 215). 그런데 우리는 지구를 어떻게 만들었는가? 땅은 사막화되고 있으며, 산림은 무문별하게 벌목되고, 강과 바다는 오염되었고, 환경은 황폐화되고, 전쟁으로 인해 모든 것이 파괴되고 말았다. 그렇기 때문에 교황은 생태학에 관한 회칙 발간을 계획하고 있다(2015년 6월 18일, 공동의 집을 돌보는 것에 관한 회칙 『찬미받으소서』를 발표했다 - 역자 주). 아시시의 프란치스코 성인이 「태양의 노래」에서 그랬던 것처럼 프란치스코 교황 역시 하느님께 가는 길인 아름다움을 재발견하고자 한다.[150]

12
유럽이여, 그대의 이상은 어디에 있는가?

이 책에 열거된 모든 도전은 우리 유럽인들, 곧 유럽의 교회와 유럽 민족들에게도 제기되고 있다. 그리스도교 역사는 유럽 역사와 밀접하게 연결되어 있으며, 유럽 역사는 다시금 로마 그리고 로마의 주교와 긴밀한 관계를 맺고 있다. '로마 이념'(Die Rom-Idee)은 고대 그리고 그 후 전 유럽의 역사에서 일치의 이념으로 혹은 유럽이 지쳐 버린 반反로마 감정으로 나타났다.[151] 프란치스코 교황의 선임자들은 모두 유럽의 일치와 유럽의 유산, 그로 인한 유럽의 항구한 임무를 중요시하는 유럽인들이었다.[152]

프란치스코 교황은 로마의 주교로서 유럽에 대한 책임에서 벗어날 수 없으며 또한 벗어나려고 하지도 않는다. 그러나 그의 시각은 선임자들과는 조금 다르다. 그는 남반구 출신이고 주변인으로서 유럽을 보는 사람이다. 로마의 주교로서 그는 첫 사목 방문지로 람페두사를 찾았으며, 그다음으로 이탈리아의 가장 가난한 지역인 사르데냐 그리고 유럽의 가장 가난한 나라인 알바니아를 찾아갔다. 주변인의 시각에서 프란치스코 교황은 어쨌든 아직도 세계의 중심에 있다고 믿고 있는 우리 유럽인보다 많은 것을 더 명확하고 분명하게 본다. 프란치스코 교황은 주변인으로서 유럽의 위기를 바라보고 있다. 2014년 6월 15일, 성 에지디오 공동체를 방문했을 때 그는 이렇게 말했다. "유럽은 지쳤습니다. 우리는 유럽이 다시 젊어지고 자신의 뿌리를 재발견할 수 있도록 도와주어야 합니다." 그러면서 그는 유럽의 창시자들이 내세운 유럽 구상의 정신과 사람들과 민족들이 공동의 삶의 공간에서 함께 어우러져 살고자 하는 의지를 상기시켰다.

　　프란치스코 교황은 2014년 11월 25일, 스트라스부르에 있는 유럽의회와 유럽평의회를 방문했을 때 '지친 유럽'에 대해 다시 한 번 밝혔다. 1988년 요한 바오로 2세가 유럽의회를 방문한 지 25년이 지난 지금 세계 상황은 근본적으로 변화되었다. 당시에는 베를린 장벽이 존재했으며 유럽은 철의 장막으로 갈라져 있었다. 세상은 점점 더 복잡해지고 전망하기가 더 어렵다. "세계가 점점 더 강하게 네트워크화·세계화되고 있는 만큼 '유럽 중심주의'는 약화되고 있습니다. 광범위하고 강한 영향력을 행사하는 유럽연합은 그러나 노쇠하고 활력을 잃었다는 인상을 줍니다. 게다가 유럽연합에 대한 종종 냉정하고 불신하고 심지어 의심하는 시선은 점점 더 유럽을 주인공으로 느끼지 않고 있다는 경향을 나타냅니다."[153]

프란치스코 교황 역시 유럽의 위대한 유산을 알고 있다. 이 유산은 바로 고대 그리스와 로마를 근간으로 그리스도교 역사에서 발전된 인간의 초월적 존엄성이라는 이념이다.[154] 이와 관련하여 프란치스코 교황은 선임자들과는 달리 이 유산의 보존을 위해 교회가 쌓아 올린 공적 그리고 교회가 항구적으로 짊어지고 있는 사명을 특별히 강조하지 않는다. 그는 교회에 대해서는 눈에 띄게 적게 언급하면서 인류의 안녕을 위한 봉사에 대해서는 그만큼 더 많이 언급한다. 그는 교회가 너무나 오랜 세월 동안 인정하기 어려워했던 인권에 대해 이야기한다. 그는 인권을 개인이라는 맥락에서뿐만 아니라 공동의 안녕이라는 맥락에서도 이해해야 한다고 말한다. 그리고 그리스도교 사회교리의 근본적 두 개념은 무엇보다 상호보완과 유대라고 말한다.

교황은 두 가지 표상을 이용하여 종교적 차원을 분명하게 하려고 애쓴다. 그는 먼저 바티칸에 있는 라파엘로의 벽화 「아테네 학당」을 언급한다. 이 벽화는 플라톤과 아리스토텔레스의 토론을 묘사한 것이다. "플라톤은 손가락으로 위쪽을, 다시 말해서 이념의 세계를 가리키고 있다. … 아리스토텔레스는 손을 앞으로, 그림을 감상하는 사람 쪽으로 내밀고 있다. 다시 말해서 그는 이 세상, 구체적 현실을 가리키고 있다."[155] 두 번째 표상은 이탈리아 시인 클레멘테 레보라(1885~1957)의 시 「포플러」에서 끌어낸 것이다. 레보라의 이 시는 위쪽으로 뻗어 올라가면서 동시에 땅속에 뿌리를 내리고 있는 포플러 한 그루를 묘사하고 있다.[156] 교황에게 이 두 표상은 인간의 종교적 차원을 강조하는 일이 문화와 국가의 합법적 세속성과 모순된 관계에 놓여 있지 않다는 사실을 지적한다. 그는 교회가 문화의 유일무이한 사회적 기준이었던 시대는 이미 지나갔다는 사실을 잘 알고 있다. 오늘의 세계에서는 그리스도교가 새로운 형태로 자신의 존재를 드러낼 필요가 있다.[157]

이러한 새로운 형태의 그리스도교 현존을 설명하기 위해 프란치스코 교황은 과정을 중시하는 접근 방식을 사용한다. 유럽의 창시자들이 얻고자 노력한 평화의 질서는 평화를 일깨우고 평화를 이룩하려는 끊임없고 새로운 노력을 통해 실현되어야 한다. 평화라는 보화를 얻고자 한다면 생각이 다르고 삶의 방식이 다른 사람들을 배제하는 질서에서 출발해서는 안 된다. 그보다도 우리는 그런 사람들과 함께하려고 노력하는 평화의 질서를 이룩하기 위해 일해야 한다.

교황은 이를 위해 다원성이 제기하는 근본적인 도전 두 가지를 언급한다. 하나는 "다극성의 도전이고, 다른 하나는 상호 연계성(Transversalität)의 도전이다".[158] 그는 '다극성'이라는 개념을 사용하여 상이함 속에서 일치를 이루는 유럽이 되어야 한다고 말한다. 상이함 가운데서 이루어지는 일치는 정복자적인 지배권을 배제하며 민족들과 종교들의 상이함을 존중한다. 교황은 다면체의 표상을 다시 한 번 채택한다. 이 다면체 안에서는 전체의 일치가 서로 다른 부분들의 특성을 보존한다. '상호 연계적 소통'은 서로 다른 세대들이, 출신이 다르고 인종과 언어 그리고 종교적 전통이 서로 다른 개인들과 그룹들이 서로를 이해하고 존중하겠다는 정신으로 솔직하고 개방적으로 그리고 서로에 대한 존경심을 가지고 서로를 풍요롭게 하는 의견 교환을 뜻한다.

오늘날 이런 상호 연계적 소통 가운데서 그리스도교는

자신의 자리를 새롭게 발견할 수 있다. 근본적으로 유럽의 정체성의 특징 중 하나는 소통과 대화다. 이를 "중심에서 벗어난 정체성"이라 이름 붙일 수 있다.[159] 유럽의 그리스도교는 그 발전 과정에서 유다교, 그리스 - 비잔틴 정교, 로마 종교, 켈트 종교, 게르만 종교, 슬라브 종교 그리고 아랍 - 이슬람 종교 문화의 요소들을 수용했고, 이 요소들을 비판적이며 건설적인 형태로 변화시키고 또 소화해 냈다. 바로 이 기초 위에서 이미 바오로 6세 그리고 그 후 요한 바오로 2세가 교회와 현대 세계의 대화 중심적 관계에 대해 숙고한 바 있으며, 누구보다도 베네딕도 16세는 신앙과 이성의 관점에서 이 관계에 대해 특별한 관심을 기울였다.[160] 프란치스코 교황은 선임자들의 이 생각들을 상호 연계적이고 세계화적인 정체성의 이념과 함께 받아들이고 있으며 새롭고 다극적인 세계화의 관점에서 취하려고 한다. 이 관점에서 교회는 중요하지만 더 이상 유일한 문화적 기준점이 될 수 없다. 또한 단순히 세계경제적 측면이 아니라 정신적이고 영적인 측면에서 유럽은 '글로벌 플레이어'가 되어야 한다. 정확하게 들을 줄 아는 사람은 다음과 같은 사실을 알아차린다. 이로써 유럽 중심의 옛 세계뿐 아니라 콘스탄티누스 대제가 확립했던 교회와 세속 권력의 연합과 공생 역시 끝나게 된다는 사실이 주도면밀하게 표명되고 있다는 사실이다. 그렇지만 교황이 세속주의 그리고 교회와 국가의 철저한 분리를 고집하면서 두 세력의 적대적 이원론을 향해 가는 것은 아니다.

"바로 이런 전망에서, 그리스도교가 종교와 사회 사이의 올바른 관계라는 테두리 안에서 오늘날 문화적·사회적으로 유럽의 발전에 어떻게 기여할 수 있는지 이해할 수 있습니다. 그리스도교 관점에서 볼 때 이성과 신앙, 종교와 사회는 서로를 해명해 주어야 할 사명을 띠고 있습니다. 서로를 후원해 주고 필요한 경우 저마다 빠질 수 있는 이데올로기적 극단에서 서로를 정화할 때 이 사명을 완수할 수 있습니다. 전 유럽 사회는 이 두 영역이 새롭게 맺게 된 활발한 관계를 이용할 수 있습니다. 무엇보다 하느님의 적대자인 종교적 근본주의에 맞설 때 이용할 수 있으며, 결코 인간의 명예가 될 수 없는 '우매한' 이성을 개도할 때도 마찬가지입니다."[161]

교황은 추상적 원칙을 내세우는 것으로 그치지 않는다. 그는 구체적이면서 상당히 불편하기도 한 물음들을 솔직하게 제기한다. 그는 일자리가 없는 젊은이들에 대해, 노인과 가난한 사람들 그리고 약자와 어린이들에 대해 묻는다. 그는 특히 난민들에게 큰 관심을 쏟는다. 난민들은 고향에서 삶의 가능성을 찾지 못했지만 새 유럽인으로서 자신의 재능을 발휘하여 유럽을 더욱 풍요롭게 할 수도 있는 사람들이다. 그는 지중해가 더 이상 난민들의 공동묘지가 되어서는 안 된다는 대담한 말까지 서슴지 않는다. 생명에 필수적인 요소들을 보존하는 일이 그의 핵심 관심사이기 때문이다. 일회용 문화와 일말의 자제력도 없는 소비 지상주의는 생명의 근원을 보존하려는 노력과 양립할 수 없다. 그리고 이 노력이 열매를 맺으려면 다른 누구보다도 유럽인들이 새로운 생활 방식을 영위해야 한다. 이는 지금 당장 도전을 요구하는 아주 불편한 말들이다.

이런 과제들에 직면하여 프란치스코 교황은 유럽에 이렇게 묻는다. "유럽이여, 그대의 힘은 어디에 있는가? 역사를 살아 움직이게 하고 그 역사를 통해 중요성을 얻게 한 그대의 정신적 노력은 어디에 있는가? 호기심으로 가득 찬 그대의 진취적 기상과 모험심은 어디에 있는가? 이제까지 그대가 열정적으로 세상에 전달해 주었던 진리에 대한 목마름은 어디에 있는가?"[162]

프란치스코 교황은 유럽의회 방문을 마감하면서 다음과 같이 호소하며 사람들을 일깨우고 용기를 북돋우고 있다. "겁에 질려 웅크리고 있는 유럽이라는 생각을 떨쳐 버릴 시점이 왔습니다. 주인공이자 학문·예술·음악·인간적 가치의 전달자, 또한 믿음의 전달자임을 일깨우고 장려해야 합니다. 하늘을 올려다보며 이상을 좇는 유럽, 인간을 살피며 지켜 주고 보호하는 유럽, 안정되고 든든한 토대 위에서 전진하는 유럽, 전 인류의 소중한 기준인 유럽임을 일깨워야 합니다!"[163]

전망

복음의 기쁨과 희망

프란치스코 교황은 예수 그리스도의 복음이 오늘날 교회와 세상에 현존한다는 것을 분명하게 드러낸다. 대다수의 하느님 백성과 많은 사람 — 아우구스티누스의 말을 빌리자면 바깥에 있지만 실은 안에 있는 사람들이다 — 이 그에게서 이를 경험하고 그에게 매료된다. 그는 선포적이며 예언자적인 언어와 몸짓으로 그리고 진심을 느낄 수 있는 그만의 스타일로 행동한다. 이렇게 하여 그는 우리 일상에 오늘날 인류가 품고 있는 큰 물음들, 기쁨과 두려움, 희망과 동경, 위기와 불행, 죄와 우리가 의존하고 있는 자비에 대한 물음 등을 들추어낸다.

프란치스코 교황은 '만남의 사람'이다. 그는 이 세상의 위대한 사람들뿐 아니라 신문에 한 번도 언급된 적이 없는 보잘것없고 작은 사람들, 곧 모든 사람에게 말을 거는 은사를 지니고 있다. 그는 자신의 메시지를 친절하게 그러나 진부하지 않게 전달한다. 또한 사람들을 초대하지만 환심을 사려고 하지 않는다. 모두를 뜨겁게 환영하고 모두를 서슴없이 받아들이지만, 사람들을 흔들어 깨우고 자주 불편하게 한다. 그렇지만 그의 말에는 그 어느 때에도 흥분이 들어 있지 않다. 그의 말들은 도전을 요구하지만 선동적이거나 일반적 의미에서의 혁명적 특성이 전혀 없다. 그의 말들은 깊은 내적 평화와 기쁨, 희망 그리고 신뢰를 발산한다.

이렇게 하여 프란치스코 교황은 기쁨이 사라지고 경직된 세상에서 복음의 기쁨을 증거한다. 그는 우리를 자꾸만 아래로 끌어내리는 힘 그리고 우리를 덮쳐 버린 경직된 영적 무감각을 오직 복음에 대한 기쁨과 열성으로 극복할 수 있다고 믿는다. 집 한 채가 곧 쓰러질 듯 망가졌는데 집 안을 장식하는 건 무의미하다. 먼저 집의 토대를 확실하게 다져야 한다. 교회도 자기에게 영구적으로 주어졌으며 성령 안에서 끊임없이 새롭게 현존하는, 복음에 깊이 뿌리내린 토대에 대해 깊이 생각해야 한다. 복음이 말하는 가난에 대해 다시 한 번 숙고하는 일은 우리 마음을 새로이 풍요롭게 해 줄 것이다.

프란치스코 교황은 복음의 보편적 메시지를 복음의 끊임

없는 새로움과 신선함으로 선포한다. 복음의 메시지는 구태의연한 사고의 틀에 끼워 넣을 수 없다. 프란치스코 교황은 개혁과 늘 새로운 놀라움을 교회의 위대한 전통과의 연속성에 결합시킨다. 거기에는 가난한 이들을 위한 가난한 교회라는 계획의 모순되고 매력적인 고집스러움도 포함된다. 이는 진보적인 것이 아니라 근원적인 계획이다. 뿌리를 건드리기 때문이며, 자비와 사랑의 혁명이기 때문이다. 교황은 민중운동 세계대회에서 '사랑의 폭풍'에 대해 말했다. 오직 사랑만이 세상을 내면으로부터 변화시킬 수 있다. 자비와 사랑의 혁명은 열정과 함께 일어나지만 거기에는 폭력과 광신 그리고 증오가 없다.

모든 문제에 대한 처방전이 아니라 여러 가지 새로운 자극을 전달하는 이런 예언자적 선포에서는 당연히 많은 질문이 대답되지 않고 남아 있다. 그 질문들은 계획의 구체성과 관련된다. 교회가 호소만 하는 데 그치지 않고 '구체적인' 정치와 구체적인 교회 정치로 나아가야 하는가? 그렇게 하지 않을 경우 교회는 추상적이고 하찮은 존재가 되어 버릴 위험에 처하지 않겠는가? 교회는 스스로를 신적이자 인간적인 조직으로 이해한다. 따라서 교회라는 조직은 제도적 요소들과, 현명하고 미래를 내다보는 지혜로운 교회 정치 역시 포괄하고 있다. 그렇다면 프란치스코 교황은 정말 큰 개혁을 시작할 것인가? 아니면 그의 교황직은 사람들의 기대를 실망시키고 말 것인가? 교회에게 크게 호의를 품고 있는 많은 사람 역시 이런 물음을 제기하고 있다.[164]

프란치스코 교황이 제안하는 그런 획기적 계획은 어느 누구도 한 교황직의 한정된 시간 안에 실현시킬 수 없다. 그것은 교황일지라도 한 사람의 인간으로서 도저히 해낼 수 없는 일이다. 프란치스코 교황은 지금까지 그랬던 것처럼, 앞으로 그가 세운 계획들을 단계적으로 실행해 나갈 것이다. 그 가운데 물론 놀라움도 없지 않을 것이다. 그러나 물음은 여전히 남아 있다. 교황은 자신이 염두에 둔 계획에 따라 교황직을 넘어서 효력을 발휘할, 더 이상 되돌릴 수 없는 발전 과정을 개시하는 데 성공할 것인가? 아니면 그의 교황직은 교회사의 작은 사건으로 그치고 말 것인가?

인간적으로는 이 질문에 답을 제시할 수 없다. 그 누구도 미래를 내다볼 수 없으며 성령의 의향을 탐지할 수도 없다. 또한 이 질문에 대한 대답은 교황에게만 달려 있지 않다. 로마 교황청에서 일하는 사람들, 개별 교회, 수도회, 여러 운동 단체,

협회, 신학대학 그리고 개개의 그리스도인들이 교황이 제시하는 바에 관심을 갖고 실천하려 하는지, 어느 정도까지 그렇게 하는지에도 달려 있다. 우리는 그저 안락의자에 앉아 "교황이 어떤 일을 하는지 보자!"라고 말할 수 없다. 우리 스스로 출발할 용기를 내야 하며 길을 나서야 하고 또 한층 더 분발해야 한다. "저는 이 땅에서 하나의 사명입니다. 이것이 바로 제가 여기 이 세상에 있는 이유입니다"(『복음의 기쁨』 273). 우리 모두는 교황의 이 말을 정말 제대로 이해해야 한다.

복음이 선포하는 소식은 참으로 받아들이기 힘들고 도전적이기도 하다. 그렇지만 프란치스코 교황은 복음의 이런 성격을 감추려 하지 않고 드러내며 또 스스로 삶 가운데서 실천한다. 그런데 복음이 선포하는 메시지에 대한 대답은 궁극적으로 오직 신앙에서만 나올 수 있다. 그가 하고자 하는 일은 산상설교의 참행복에 대한 말씀에 담겨 있는 약속들이다. 세상의 눈에 비치는 복음의 약함과 어리석음이 바로 복음의 강함이라는 것을(1코린 1,21-25) 우리는 믿음 가운데서 알고 있다. 부활에 대한 기쁨은 십자가를 거쳐 간다. 그렇기 때문에 교황의 능력은 "그리스도교 선포의 약하고 어리석은 힘에 있지, 그리스도교적 이데올로기를 제시하는 데 있지 않다". 그리고 한 가지 신앙만을 못 박아 명령하는 '그리스도교적 지배권'을 제공하는 일은 더더욱 아니다. "경계선이 없이 열려 있는 친교 안에서" 이루어지는 수많은 개인의 회심과 그들의 신앙은 "역사의 깊은 곳으로 파고 들어가고 역사의 표면을 뒤흔드는 실재이다. 그리고 그렇게 되면 역사는 놀라운 일들로 가득 차게 된다."[165] 그것은 자비와 사랑의 혁명이다.

이렇게 볼 때 이 교황직이 제기하는 도전은 대부분의 사람들이 짐작하는 것보다 훨씬 더 근원적이다. 하느님께서는 우리를 놀라게 하는 분이라는 사실을 더 이상 알고 싶어 하지 않고 개혁을 거부하는 보수적인 사람들에게 던져지는 도전이며, 실천에 곧장 옮길 수 있는 해결책이 주어지리라 기대하는 진보적인 사람들에게도 던져지는 도전이다. 자비와 사랑의 혁명 그리고 두 눈을 똑바로 뜨고 세상을 바라보면서 동시에 신앙의 신비 안에서 사는 자세는 보수와 진보 두 진영의 사람들을 실망시킬 수도 있으며 그럼에도 결국에는 옳다고 인정받을 수 있다. '복음의 기쁨'은 사실 역사 안에서 결코 완전히 성취되지 않을 약속이기 때문이다. 교회도 성자들만의 교회가 아니라 죄인도 있는 끊임없는 개혁이 필요한 교회일 것이다. 순결파 신자들, 종교 재판관들 그리고 무자비한 엄숙주의자들은 과거에 정결했던 교회가 이제 더 이상 예전 같지 않다고 탄식한다. 그러나 이들이 되돌리고 싶어 하는 정결한 교회란 과거에도 없었다. 다른 한편, 스스로 진보적이라고 믿으면서 이상향을 열광적으로 동경하는 이들은 깨끗하고 이상적인 미래의 교회를 꿈꾸곤 한다. 이런 사람들은 교회의 현 상태를 무자비하게 비판한다. 이 두 진영 모두에게서 보이는 광신적 태도보다 더 나쁜 것은 없다.

보수 반동적인 이데올로기와 열광적인 유토피아의 다른 쪽에는 복음의 기쁨을 중시하는 그리스도교적 현실주의가 있다. 복음이 전하는 종말론적 희망의 소식은 지금 벌써 우리 눈에 띄고 있으며, 대부분 우리 눈에 띄지 않는 많은 거룩한 사람이 삶 가운데서 모범적으로 실천하고 있다. 교황이 제안하는 것은 대륙들의 위치를 바꾸고 산을 옮길 수 있는(마태 17,19; 21,21) 신앙인들이 걸어가는 겸허한 길이다. 교황은 작은 자비심이 세상을 변화시킬 수 있다고 말한다. 이것이 바로 사람들이 일반적으로 이해하는 혁명에 대해 그리스도교가 일으킨 혁명이다. 그것은 혁명이라는 말이 원래 가지고 있는 의미에서의 혁명으로서, 미래를 향해 나아가기 위해 복음의 원천으로 돌아가는 일, 곧 자비의 혁명이다.

약어

• **제2차 바티칸공의회 문헌**

「사도직 활동」Apostolicam Actuositatem 평신도 사도직에 관한 교령

「만민에게」Ad Gentes Divinitus 교회의 선교 활동에 관한 교령

「주님이신 그리스도」Christus Dominus 주교들의 사목 임무에 관한 교령

「하느님의 말씀」Dei Verbum 하느님의 계시에 관한 교의 헌장

「기쁨과 희망」Gaudium et spes 현대 세계의 교회에 관한 사목 헌장

「인류의 빛」Lumen gentium 교회에 관한 교의 헌장

「우리 시대」Nostra aetate 비그리스도교와 교회의 관계에 대한 선언

「일치의 재건」Unitatis redintegratio 일치 운동에 관한 교령

• **신앙교리성과 교황 문헌**

『현대의 복음 선교』*Evangelii nuntiandi* 현대 세계의 복음화에 관한 교황
　　바오로 6세의 권고(1975)

『복음의 기쁨』*Evangelii gaudium* 현대 세계의 복음 선포에 관한 프란치

스코 교황의 권고(2013)

DH 『신경, 신앙과 도덕에 관한 규정·선언 편람』 Denzinger-Hünermann. Heinrich Denzinger, *Enchiridion symbolorum definitionum et declarationum de rebus fidei et morum / Kompendium der Glaubensbekenntnisse und kirchlichen Lehrentscheidungen*. Verbessert, erweitert, ins Deutsche übertragen und unter Mitarbeit von Helmut Hoping herausgegeben von Peter Hünermann (Freiburg i. Br. 44. Auf. 2014).

주

1 베네딕도 16세의 교황직의 진가를 가장 먼저 인정하고 평가한 책들: J.-H. Tück (Hg.), *Der Theologenpapst. Eine kritische Würdigung Benedikts XVI.* (Freiburg i. Br. 2013); N. Diat, *L'homme qui ne voulait pas être pape. Histoire secrète d'un règne* (Paris 2014).

2 M. Franco, *C'era una volta un Vaticano. Perché la Chiesa sta perdendo peso in Occidente* (Milano 2010); M. Politi, *Joseph Ratzinger. Crisi di un papato* (Rom/Bari 2011).

3 이러한 위기에 대해서 좀 더 깊이 살펴보려면 A. Riccardi, *Franziskus - Papst der Überraschungen. Krise und Zukunft der Kirche* (Würzburg 2014), 특히 25-29 참조.

4 선거 직후 Jaime Ortega 추기경이 요약하여 다음 저서에서 발표했다: *Papst Franziskus, "Und jetzt beginnen wir diesen Weg". Die ersten Botschaften des Pontifikats* (Freiburg i. Br. 2013) 122-124.

5 A. Ivereigh, *The great Reformer. Francis and the Making of a Radical Pope* (New York 2014) 354-355. 이버리는 이 책에서 특정 그룹의 유럽 출신 추기경들이 선거 전에 이미 베르골료 추기경에게 그를 교황으로 선출할 경우 거기에 동의하느냐고 물었다고 주장하는데, 이는 아무런 근거가 없는 말이다.

6 *Papst Franziskus, "Und jetzt beginnen wir diesen Weg"* (주 4 참조), 24.

7 *Papst Franziskus, "Und jetzt beginnen wir diesen Weg"* (주 4 참조), 31. 바티칸 주재 외교관들 앞에서 행한 연설에서도 이와 비슷한 말을 했다

(같은 책 54-55).

8 '로마의 주교'라는 칭호는 교황을 칭하는 가장 오래된 칭호 중 하나다. 이 칭호는 대 그레고리오 교황에게서, 피렌체공의회의 연합 교령, 제1차 바티칸공의회, 제2차 바티칸공의회의 교의 헌장인 「인류의 빛」 그리고 『교회 법전』(CIC/1917)과 『새 교회 법전』(CIC/1983) 등에서 자주 발견된다. '사도좌'(sedes apostolica)라는 명칭 역시 원래는 로마교회와 관련된 것이었다. Y. Congar, Titel, welche für den Papst verwendet werden, in: Conc (D) 11 (1975) 538-544, 특히 538-539 참조.

9 *Papst Franziskus, "Und jetzt beginnen wir diesen Weg"* (주 4 참조), 15; 교황은 다음 날 추기경들과 함께 거행한 미사의 강론에서도 같은 말을 했다(같은 책 17).

10 Papst Franziskus, *Über Himmel und Erde. Jorge Bergoglio im Gespräch mit dem Rabbiner Abraham Skorka* (München 2013) 17-18.

11 2014년 7월 28일, 카세르타에 있는 오순절교회를 개인적으로 방문했을 때 한 말이다.

12 그중 몇 가지만 여기서 소개한다. S. Rubin/F. Ambrogetti, *Papst Franziskus. Mein Leben – mein Weg. El Jesuita. Die Gespräche mit Jorge Mario Bergoglio* (Freiburg i. Br. 2013); E. Piqué, *Francesco. Vita e rivoluzione* (Turin 2013); A. R. Batlogg/N. Kuster, *Franziskus. Der neue Papst und sein Vorbild* (München 2013); A. Riccardi, *La Sorpresa di Papa Francesco. Crisi e futuro della Chiesa* (Milano 2013); J. Erbacher, *Papst Franziskus. Aufbruch und Neuanfang* (München 2013); P. Lunnel, *Je m'appellerai François. Biographie* (Paris 2013); P. Valley, *Pope Francis. Untying the knots* (London 2013); L. Accatoli, *Il vescovo di Roma. Gli esordi di Papa Francesco* (Bologna 2014); V. M. Fernández in dialogo con P. Rodatori, *Il progetto di Francesco. Dove vuole portare la Chiesa* (Bologna 2014); R. Luise, *Con le periferie nel cuore* (Cinisello Balsamo 2014); B. Sorge, *Gesù sorride. Con papa Francesco oltre la religione della paura* (Milano 2014); G. Vicini, *Papa Francesco. La chiesa della*

misericordia (Cinisello Balsamo 2014); N. Scavo, *Bergoglios Liste. Papst Franziskus und die argentinische Militärdiktatur* (Freiburg i. Br. 2014)[『베르골료 리스트』 최종근 옮김 (분도출판사 2015)]; D. Deckers, *Papst Franziskus. Wider die Trägheit des Herzens. Eine Biographie* (München 2014); A. Ivereigh, *The Great Reformer* (주 5 참조); J. Erbacher, *Ein radikaler Papst. Die franziskanische Wende* (München 2014).

13 G. Ferrara/A. Gnocchi/M. Palmaro, *Questo papa piace troppo. Un'appassionata lettura critica* (Milano 2014). 이 비판에 대한 비평을 담은 책 M. Politi, *Francesco tra i lupi. Il segreto di una rivoluzione* (Rom/Bari 2014)도 참조.

14 A. Riccardi, *Franziskus - Papst der Überraschungen* (주 3 참조).

15 M. Hesemann, *Das Vermächtnis Benedikts XVI. und die Zukunft der Kirche* (München 2013).

16 이에 관한 질문에 교황은 다음 두 책을 언급했다: J. A. Jungmann, *Die Frohbotschaft und unsere Glaubensverkündigung* (Regensburg 1936); H. Rahner, *Eine Theologie der Verkündigung* (Freiburg i. Br. 1939).

17 이에 대해서는 A. Spadaro가 프란치스코 교황과 한 인터뷰 참조: *Civiltà Cattolica* 164 (2013) 453-457.

18 K. Rahner, *Das Dynamische in der Kirche* (QD 5) (Freiburg i. Br. 1958) 74-148; 형식적인 실존 윤리의 문제에 대해서는 같은 저자, *Schriften zur Theologie*, Bd. 2 (Einsiedeln 1955) 227-246 참조.

19 교황 요한 23세의 제2차 바티칸공의회 소집을 공표하는 헌장 「인간의 구원」Humanae salutis(1961), 회칙 「어머니요 스승」Mater et Magistra (1961), 「지상의 평화」Pacem in terris(1963), 「기쁨과 희망」 4, 10-11, 22 등. 신학적인 근거를 제시한 글: M-D. Chenu, Les signes des temps, in: Y. Congar/M. Peuchmaurd (Hg.), *L'Église dans le monde de ce temps. Constitution Pastorale 'Gaudium et Spes'*, Bd. 2 (Paris 1967) 205-225.

20 이 점을 요약 설명한 저술: W. Kasper, *Katholische Kirche. Wesen - Wirk-*

lichkeit - *Sendung* (Freiburg i. Br. 2011) 452-454, 567, 주 133-135.

21 인식 체계의 변화 이론은 다음의 저서에서 나온 것이다: T. S. Kuhn, *Die Struktur wissenschaftlicher Revolutionen* (Frankfurt a. M. 1967). 이 말의 의미는 다름이 아니라 한 이론의 기본 조건과 관점의 변화인데, 이 변화는 그전 이론의 내용을 폐기하는 것이 아니라 그 이론을 더 큰 맥락 안으로 옮겨 놓는다. 물론 자연과학의 역사에서 이끌어 낸 이 이론은 신학 역사에 그저 유사하게만 적용될 수 있다.

22 교황 요한 23세의 회칙 「어머니요 스승」 236.

23 참조: G. Gutiérrez, Aparecida und die vorrangige Option für die Armen, in: G. L. Müller, *Armut. Die Herausforderung für den Glauben* (München 2014) 138-145; G. Whelan, Evangelii gaudium come "Teologia contestuale". Aiutare la Chiesa ad "alzarsi al livello dei suoi tempi", in: H. M. Yáñez (Hg.), *Evangelii gaudium: Il testo ci interroga. Chiavi di lettura, testimonianze e prospettive* (Rom 2014) 23-38.

24 J. H. Newman, *An Essay on the Development of Christian Doctrine* (London 1845). 다음 저서들 역시 참조: Y. Congar, *Vraie et fausse réforme dans l'Église* (Paris 1950); *La tradition et les traditions* (Paris Bd. I 1960; Bd. II 1963).

25 이에 대해서는 특히 D. Deckers, *Papst Franziskus* (주 12 참조), 23-52 참조.

26 J. Bergoglio, *Gott im Zentrum der Stadt. Pastorale Akzente* (Vallendar 2014); 『복음의 기쁨』 71-75; 2014년 11월 27일에 열린 대도시 사목에 대한 국제회의에서 행한 연설.

27 P. Sudar, L. Gera u.a. (Hg.), *Evangelización, lieración y reconciliación. Hacia la "Nueva evagelización"* (Buenos Aires 1988); J. C. Scannone, "La filosofía de la liberación: Caracteristicas, corrientes, etapes", *Stromata* 48 (1982) 3-401; M. Sieverinch (Hg.), *Impulse der Befreiungstheologie für Europa* (München/Mainz 1988); I. Ellacuría/J. Sobrino (Hg.), *Mysterium Liberationis. I concetti findamentali della teo-

logia della liberazione (Rom 1992). 교황청이 1984년에 훈령 「자유의 전갈」Libertatis nuntius을 통해 제기한 비판은 해방신학의 일부 측면에 해당될 뿐 해방신학 전체를 향한 것이 아니다. 특히 필자 역시 개인적으로 높이 평가하고 있으며, 그 저서들이 단 한 번도 검열의 대상이 된 적이 없는 구티에레즈G. Gutiérrez와 관련해서는 그에 대한 비판이 최근 본질적으로 약화되었다. G. L. Müller, *Armut. Die Herausforderung für den Glauben* (주 23 참조) 참조.

28 V. Szcuy/C. M. Galli/M. González/J. C. Caamano (Hg.), *Escritos teológico-pastorales de Lucio Gera*, 2 Bde. (Buenos Aires 2006/2007); R. Ferrara/C. M. Galli (Hg.), *Presente y futuro de la teologia en Argentina. Homenaje a Lucio Gera* (Buenos Aires 1997) 참조; Evangelisierung und Förderung des Menschen, in: P. Hünermann/J. C. Scannone (Hg.), *Lateinamerika und die katholische Soziallehre*, Bd. 1 (Mainz 1989) 245-299; M. Eckholt, "… bei mir erwächst die Theologie aus der Pastoral". Lucio Gera - ein "Lehrer in Theologie" von Papst Franziskus, in: StZ 232 (2014) 157-172 참조.

29 이 차이는 *Mysterium Liberationis* (주 27 참조), 132에서 살펴볼 수 있다. 그 분명한 결과로서 마르크스주의적으로 해석하는 이 다른 방향은 서술이 진행되면서 더 이상 아무런 역할도 하지 않는다.

30 A. Spadaro가 교황과 한 인터뷰(주 17 참조). 크라우제 철학(Krausismo)에 대해서는 프리드리히 에버트 재단(Friedrich-Ebert-Stiftung)이 펴낸 *El Krausismo y su influencia en América Latina* (Madrid 1989) 참조.

31 이 점에 대한 상세한 서술은 D. Deckers, *Papst Franziskus* (주 12 참조), 31; 53-65 등을 참조하라. 그렇기 때문에 호르헤 베르골료(프란치스코 교황)가 반동주의자였다가 혁명가로 발전했다는 P. Vallely의 주장은 비판적인 눈으로 문제 삼아야 한다(주 12 참조). 군사독재 시절 관구장을 맡고 있던 호르헤 베르골료의 태도에 대해서는 N. Scavo, *Bergoglios Liste* (주 12 참조)를 참조하라.

32 이 참고 사항을 나는 Peter Hünermann에게서 받았다. E. Biser, *Glau-*

bensprognose. Orientierung in postsäkularistischer Zeit (Graz 1991) 275; 277 역시 이런 관련성에 주목하게 한다.

33 베르가모에 있는 '요한 23세 재단'(Fondazione Giovanni XXIII) 이사장인 E. Bolis는 지금까지 잘 알려져 있지 않거나 전혀 알려져 있지 않은 문헌들을 밝혀냈다: *Solo un "Papa buono"? Spiritualità di Giovanni XXIII* (Milano 2014). G. Alberigo는 그의 저서 *Johannes XXIII. Leben und Wirken des Konzilpapstes* (Mainz 2000)에서 이미 프란치스코 교황이 보기에도 독특한 요한 23세의 복음적 사고방식 그리고 온유와 자비를 강조하는 자세를 분명하게 서술한 바 있다.

34 J. Ernesti, *Paul VI. Der vergessene Papst* (Freiburg i. Br. 2012); U. Nersinger, *Paul VI. - ein Papst im Zeichen des Wizpruchs* (Aachen 2014); X. Toscani, *Paolo VI. Una biografia* (Brescia 2014).

35 이탈리아 예수회가 발간하는 정기 간행물인 『치빌타 카톨리카』*Civiltà cattolica*는 교황의 장서들에 대해 시사하는 바가 매우 많은 글을 발표했다. 참조: A. Spadaro, La Biblioteca di Papa Francesco, in: *Civiltà cattolica* 165 (2014) 489-498; I. Baumer, Auf den Spuren von Michel de Certeau, in: StZ 139 (2014) 86-96.

36 『신앙의 빛』 57.

37 참조: Art. Evangelium, in: LThK 3 (1995) 1058-1633; RGG 2 (1999) 1735-1742. 복음의 중요성과 그 중요성의 역사는 W. Kasper의 *Dogma unter dem Wort Gottes* (Mainz 1965) 7-24; 71-98와 *Das Evangelium Jesu Christi* (WKGS 5) (Freiburg i. Br. 2009) 254-272 참조.

38 Thomas von Aquin, *Summa theologiae* II/II, q. 35; J. Pieper, *Muße und Kult* (1948) (München 2007) 81-85; Art. Acedia, in: RAC 1 (1950) 62-63; LThK 1 (1993) 109-110.

39 F. Nietzsche, Also sprach Zarathustra, Friedrich Nietzsche Werke Bd. 2, hg. von K. Schlechta 284-285. 참조: S. Kierkegaard, *Der Begriff der Angst* (1844); *Die Krankheit zum Tode* (1849); R. Guardini, Vom Sinn der Schwermut, in: *Unterscheidung des Christlichen* (1935); M.

Heidegger, *Sein und Zeit* (1927); J. P. Sartre, *La Nausée* (1938).

40 P. W. Keppler, *Mehr Freude* (Freiburg i. Br. 1909).

41 Thomas von Aquin, *Summa theologiae* II/II q. 28a. 1 c. a.

42 프란치스코 성인의 '원회칙'과 '인준받지 않은 수도 규칙'의 머리말 그리고 성인의 유언 참조. *Die Schriften des heiligen Franziskus von Assisi*, K. Esser/L. Hardick (Hg.) (Werl 1972) 51; 80; 95.

43 Thomas von Aquin, *Summa theologiae* I/II q. 106 a. 1과 2. 당시에 일어난 복음 운동의 배경에 대해서는 M.-D. Chenu, *Das Werk des Hl. Thomas von Aquin*, Deutsche Thomas-Ausgabe, 2. Erg. Bd. (1982) 39-46 참조.

44 Luther WA 12,259 이하; Calvin, Institutio II, 9, 2. 참조: O. H. Pesch, *Theologie der Rechtfertigung bei Martin Luther und Thomas von Aquin. Versuch eines systematisch-theologoschen Dialogs* (Mainz 1967).

45 H. Denzinger, *Enchiridion symbolorum definitionum et declarationum de rebus fidei et morum* ed. Peter Hünermann (Freiburg i. Br. 44. Aufl. 2014) Nr. 1501 (DH 1501).

46 *Conciliorum oecumenicorum decreta,* curantibus J. Alberigo e.a., consultante H. Jedin, ed. Istituto per le scienze religiose Bologna (Paderborn u.a. 3. Auflage 1973) 643-646.

47 E. Bolis, *Solo un "Papa buono"?* (주 33 참조) 27-29.

48 *Enchiridion della nuova evangelizzazione. Testi del Magistero pontificio e conciliare 1939-2012,* ed. Pont. Consiglio per la Promozione della nuova evangelizzazione (città del Vaticano 2012).

49 Ph. Jenkins, *Die Zukunft des Christentums. Eine Analyse der weltweiten Entwicklung im 21. Jahrhundert* (Gießen 2006); J. Allen, *Das neue Gesicht der Kirche. Die Zukunft des Katholizismus* (Gütersloh 2010); G. Weigel, *Evangelical Catholicism. Deep Reform in the 21 Century Church* (New York 2013).

50 A. von Harnack, *Das Wesen des Christentums* 참조. 이 책은 특이하게

도 정확하게 1900년에 발간되었다.

51 W. Kasper, *Dogma unter dem Wort Gottes* (주 37 참조), 71-80.

52 참조: U. Valeske, *Hierarchia veritatum* (München 1968); Y. Congar, La "Hierarchia veritatum", in: *Diversités et communion* (Paris 1982) 184-197.

53 Thomas von Aquin, *Summa theologiae* II/II q. 1 a 6.

54 함축적 신앙(fides implicita)에 대한 토마스 아퀴나스의 가르침에 대해서는 *Exkurs in der Deutschen Thomasausgabe*, Bd. 15 (München/Salzburg 1950) 431-437.

55 Thomas von Aquin, *Summa theologiae* I/II q. 66 a. 4-6; 『복음의 기쁨』 37에 인용됨.

56 야고보 서간에 대한 루터의 서론, in: *Luthers Vorreden zur Bibel*, H. Bornkamm (Hg.) (Göttingen 1989. 3. Aufl.) 215-218. 이는 후에 루터교와 개혁교회 정통주의에서 근본적인 가르침이 되었다. 참조: Art. Fundamentalartikel, in: TRE 11 (1983) 712-738, LThK 4 (1995) 223과 RGG 2 (2000) 412-414; 이와 비슷한 발전 과정을 성공회에서도 찾아볼 수 있다(Chicago-Lambeth-Quadrilateral, 1888).

57 이에 관해 H. M. Yañez, Tracce di lettura dell'Evangelii gaudium, in: H. M. Yáñez (Hg.), *Evangelii gaudium: Il testo ci interroga* (주 23 참조) 9-20에 훌륭하게 명시되어 있다.

58 *Papst Franziskus, "Und jetzt beginnen wir diesen Weg"* (주 4 참조), 30-35; 37-38 등등.

59 Chr. Schönborn, *Wir haben Barmherzigkeit gefunden. Die Botschaft des göttlichen Erbarmens* (Freiburg i. Br. 2009); E. Olk, *Die Barmherzigkeit Gottes als zentrale Quelle des christlichen Lebens* (St. Ottilien 2011); W. Kasper, *Barmherzigkeit. Grundbegriff des Evangeliums - Schlüssel christlichen Lebens* (Freiburg i. Br. 2012).

60 Thomas von Aquin, *Summa theologiae* I, q. 21a. 3-4; q. 25a. 3 ad 3.

61 Y. Congar, La miséricorde. Attribut souverain de Dieu, in: *Vie spiritu-*

elle 106 (1962) 380-395.

62 Thomas von Aquin, *Summa theologiae* I/II q. 107 a. 4.

63 Johannes XXIII, Il *Giornale dell'anima* (hg. von L. F. Capovilla) (Cinisello Balsamo 2000) 452.

64 H. Buob, *Die Barmherzigkeit Gottes und der Menschen. Heilmittel für Seele und Leib. Nach dem Tagebuch der Schwester Faustyna* (Fremdingen 2000) 참조.

65 참조: D. Bonhoeffer, Die teure Gnade, in: ders., *Nachfolge*. M. Kuske/ I. Tödt (Hg.) (DBW 4) (München 1989) 29-43; W. Kasper, *Barmherzigkeit* (주 59 참조) 145-148.

66 이에 대해서는 주 59, 주 12-13의 도서를 참조하라.

67 W. Kasper, *Barmherzigkeit* (주 59 참조), 133-145.

68 A. Dulles, *Models of the Church* (Dublin 1974).

69 Y. Congar는 이 점을 수많은 역사적 전거들을 바탕으로 명백하게 제시했다: Kirche als Volk Gottes, in: Conc (D) 1 (1965) 5-16; "Ecclesia et populus (fidelis)" dans l'ecclésiologie de Saint Thomas, in: *Église et Papauté* (Paris 2002) 211-227.

70 W. Kasper, *Katholische Kirche* (주 20 참조), 180-187.

71 W. Kasper, *Katholische Kirche* (주 20 참조), 181.

72 J. C. Scannone, La teologia di Francesco, in: Il Regno 58 (2013) 128; La Teologia argentina del Pueblo y la Pastoral di Papa Francisco (2014); J. Xavier, Spalancando il dinamismo ecclesiale. L'identità ritrovata, in: H. M. Yáñez (Hg.), *Evangelii gaudium: Il testo ci interroga* (주 23 참조), 39-52; D. Vitale, Una chiesa di popolo. Il sensus fidei come principio dell'evangelizzazione, in: H. M. Yáñez (Hg.), *Evangelii gaudium: Il testo ci interroga*, 53-66; Papa Francesco, *La chiesa della misericordia* (hg. von G. Vigini) (Città del Vaticano 2014).

73 교황 요한 23세의 회칙 「지상의 평화」 22; 「기쁨과 희망」 9.

74 『복음의 기쁨』 103에서는 교황청 정의평화평의회가 발간한 「간추린 사회교리」가 인용되고 있다.

75 교황은 이 입장의 근거로 1988년에 발표된 요한 바오로 2세의 세계 주교시노드 후속 사도적 권고인 「평신도 그리스도인」Christifideles laici(1988) 51과 여성 사제서품과 관련하여 교황청 신앙교리성이 1976년에 발표한 「직무 사제직에 대한 여성 수용의 문제에 관한 선언」 Inter insigniores을 제시한다.

76 J. H. Newman, *On Consulting the Faithful in Matters of Doctrine* (1859).

77 P. Hünermann, Art. Sensus fidei, in: LThK IX (2000) 465-467.

78 J. Xavier, Spalancando il dinamismo ecclesiale (주 72 참조), 50-51. 이 문제에 대한 일반적 서술은 G. Bonfrate, La "porta aperta" dei sacramenti, in: H. M. Yáñez, *Evangelii gaudium: Il testo ci interroga* (주 23 참조), 81-93 참조.

79 참조: W. Kasper, *Das Evangelium von der Familie* (Freiburg i. Br. 2014) 8; 62-67; 74-75.

80 진리에 대한 신학적 이해에 대해 참조: W. Kasper, *Dogma unter dem Wort Gottes* (주 37 참조); Die Kirche als Ort der Wahrheit, in: *Theologie im Diskurs* (WKGS 6) (Freiburg i. Br. 2014) 72-91; Das Wahrheitsverständnis der Theologie, in: *Theologie im Diskurs* (WKGS 6), 92-120; *Katholische Kirche* (주 20 참조), 30-36; 39-41; 373-379.

81 수많은 참고 문헌들 중에서 D. Markl과 Th. Söding의 주석학적인 두 기고를 이 자리에서 지적하고자 한다. 두 사람은 논증 과정에서 서로 다른 의견을 가지고 있지만 그들의 개방적인 자세 안에서 근본적으로 일치하고 있다. 둘의 기고는 다음의 책에 실려 있다: M. Graulich/M. Seidnader (Hg.), *Zwischen Jesu Wort und Norm. Kirchliches Handeln angesichts von Scheidung und Wiederheirat* (QD 264) (Freiburg i. Br. 2014).

82 *Papst Franziskus, "Und jetzt beginnen wir diesen Weg"* (주 4 참조), 122-124.

83 Art. Geduld, in: LThK 4 (1995) 339-340; Oikonomie, in: LThK 7 (1988) 1014-1016; Paideia, in: LThK 7 (1998) 1272-1273.

84 참조: 이 책 주 18; 이 책 5장 (제2차 바티칸공의회 영성의 본보기).

85 J. B. Metz, *Mystik der offenen Augen. Wenn Spiritualität aufbricht* (Freiburg i. Br. 2011). 비슷한 의견: T. Halík, *Berühre die Wunden. Über Leid, Vertrauen und die Kunst der Verwandlung* (Freiburg i. Br. 2014).

86 G. Greshake는 그의 최근 저서인 *Maria-Ecclesia. Perspektiven einer marianisch grundierten Theologie und Kirchenpraxis* (Regensburg 2014)에서 교회론을 위해서는 마리아론을 결코 포기할 수 없음을 새롭게 주지시켰다.

87 온유한 사랑이라는 모티브는 다른 부분에서도 발견된다: 『복음의 기쁨』 270; 274; 279; 286.

88 주 8 참조.

89 Ignatius von Antiochien, Brief an die Römer (Prooemium); 주 8 참조.

90 H. de Lubac, *Méditations sur l'Église* (Paris 1952). 코뮤니오 - 교회론에 대해서 참조: W. Kasper, *Katholische Kirche* (주 20 참조), 45-48; 122-129; 225-238.

91 Schreiben der Glaubenskongregation über einige Aspekte der Kirche als communio (1992) 9; W. Kasper, *Katholische Kirche* (주 20 참조), 387-392.

92 교황 요한 바오로 2세의 회칙 「하나되게 하소서」 Ut unum sint(1995) 95; 2006년 11월 30일 베네딕도 16세가 이스탄불 파나르Phanar 지구에서 한 연설. 이 주제와 관련하여 프란치스코 교황은 대주교인 J. R. Quinn의 관심사를 받아들이는 것처럼 보인다. J. R. Quinn, *The Reform of the Papacy. The Costly Call to Christian Unity* (New York 1999); K. Rahner und P. Hünermann, *Die Reform des Papsttums* (QD 188) (Freiburg i. Br. 2001) 참조.

93 W. Kasper, *Katholische Kirche* (주 20 참조), 382-387.

94 A. Spadaro가 프란치스코 교황과 한 인터뷰, in: *Civiltà cattolica* 164

(2013) (주 17 참조), 466.

95 Irenäus von Lyon, *Adversus haereses IV*, 26, 2.

96 이 개념 역시 새로운 것이 아니다. M. Seckler는 근대 신학 방법론의 아버지인 Melchior Cano에게서 이 이념을 확인했다: M. Seckler, Die ekklesiologische Bedeutung des Systems der 'loci theologici'. Erkenntnistheoretische Katholizität und strukturale Weisheit, in: *Die schiefen Wände des Lehrhauses*. Katholizität *als Herausforderung* (Freiburg i. Br. 1988) 79-104.

97 J. A. Möhler, *Die Einheit in der Kirche oder das Prinzip des Katholizismus* (1825), J. R. Geiselmann (Hg.) (Köln 1957) 237.

98 *Papst Franziskus, "Und jetzt beginnen wir diesen Weg"* (주 4 참조), 47-50; R. Burigana, *Un cuore solo. Papa Francesco e l'unità della Chiesa*. Prefazione del Cardinale Kasper (Milano 2014). 참조: W. Kasper, Die ökumenische Vision von Papst Franziskus, in: G. Augustin/M. Schulze, *Wege zur Erneuerung des Glaubens* (Festschrift für K. Kardinal Koch) (Freiburg i. Br. 2015).

99 이러한 상황에 대한 상세한 서술: W. Kasper, Vorwort: Einheit - damit die Welt glaubt, in: ders., *Wege zur Einheit der Christen*. Schriften zur Ökumene I (WKGS 14) (Freiburg i. Br. 2012) 17-34.

100 교황 하드리아노 6세가 1522년 뉘른베르크 의회에서 이미 종교개혁이 일어난 데는 로마 교황청의 책임 역시 크다는 사실을 분명하게 인정했다. 또한 교황 바오로 6세는 1963년 제2차 바티칸공의회 두 번째 회기 개막식에서 용서를 구했다. 교파 간 화해를 위한 교황 요한 바오로 2세의 말과 행동은 Das Dokument der Internationalen Theologenkommission: Erinnern und Versöhnen. Die Kirche und die Verfehlungen in ihrer Vergangenheit (2000)를 참조하라.

101 Papst Franziskus, *Über Himmel und Erde* (주 10 참조), 226.

102 Papst Franziskus, *Über Himmel und Erde* (주 10 참조), 223-224; O. Cullmann, *Einheit durch Vielfalt*. Grundlegung und Beitrag zur

Diskussion über die Möglichkeiten ihrer Verwirklichung (Tübingen 1986); J. Ratzinger, *Zum Fortgang der Ökumene* (JRGS 8/2) (Freiburg i. Br. 2010) 734-736.

103　W. Kasper, *Wege zur Einheit der Christen. Schriften zur Ökumene I* (WKGS 14) (Freiburg i. Br. 2012) 222-233; 361-364.

104　H. Meyer, *Versöhnte Verschiedenheit. Aufsätze zur ökumenischen Theologie, Bd. 1* (Frankfurt a. M./Paderborn 1998) 101-119.

105　Dokument der orthodox/römisch-katholischen Dialogkommission, Das Geheimnis der Kirche und der Eucharistie im Licht des Geheimnisses der Heiligen Dreifaltigkeit (1982), 11-14; in: *Dokumente wachsender Übereinstimmung*, Bd. 2 (Frankfurt a. M./Paderborn 1992) 537-539.

106　다면체라는 표상은 『복음의 기쁨』에서 그저 일반적으로만 묘사되었다. 그러나 교황이 2014년 7월 28일 카세르타에 있는 오순절 공동체를 방문했을 때 이 표상은 교회일치를 묘사하는 것으로 사용되었다.

107　요한 바오로 2세, 회칙 「하나되게 하소서」; 2000년 5월 7일에 열린 20세기 신앙 증인 기념 미사 강론; 교황 문헌 「새 천년기」Novo millennio ineunte(2001), 7.

108　Tertullian, Apologeticum 50, 13. 참조: W. Kasper, *Ökumene der Märtyrer. Theologie und Spiritualität des Martyriums*, Edition Schönblick, (Norderstedt 2013).

109　이 주제들에 대한 상세한 기고들: H. M. Yáñez (Hg.), *Evangelii gaudium: Il testo ci interroga* (주 23 참조).

110　비그리스도교와 교회의 관계에 대한 제2차 바티칸공의회의 선언인 「우리 시대」를 지적하고자 한다; 공의회 사목 헌장 「기쁨과 희망」에서 이 주제에 해당되는 장들은 40-45 그리고 53-62이다. 또한 *Die Schriften der Internationalen Theologiekommission: Das Christentum und die Religionen*(1997); *Der Dreifaltige Gott. Einheit der Menschheit. Der christliche Monotheismus gegen die Gewalt* (2014).

111　*Papst Franziskus, "Und jetzt beginnen wir diesen Weg"* (주 4 참조), 51-52.

112　2014년 세계 평화의 날에 프란치스코 교황이 전한 메시지.

113　유다교와 그리스도교의 대화에 대하여 참조: Papst Franziskus, *Über Himmel und Erde* (주 10 참조); 2013년 6월 24일에 교황이 국제 관계 도모를 위한 유다교 국제 위원회에서 한 연설.

114　2014년 8월 17일, 아시아 주교들과 만난 자리에서.

115　2014년 8월 16일, 윤지충 바오로와 동료 순교자 123위 시복 미사 강론.

116　*Papst Franziskus, "Und jetzt beginnen wir diesen Weg"* (주 4 참조), 31. 교황은 바티칸 주재 외교관들에게 한 연설에서도 이와 비슷한 말을 했다. 같은 책, 54-55;『복음의 기쁨』198.

117　이 주제와 관련된 본문들을 모아 제시한 책: Th. Laubach/St. Wahl (Hg.), *Arme Kirche? Die Botschaft des Papstes in der Diskussion* (Theologie kontrovers) (Freiburg i. Br. 2014) 13-34; A. Buckenmaier/L. Weimer (Hg.), *A Poor People of God for the Poor in the World? The Challenge of Pope Francis* (Città del Vaticano 2014).

118　J. Alt, Eine arme Kirche für die Armen, in: StZ 139 (2014) 361-362; Th. Laubach/St. Wahl (Hg.), *Arme Kirche?* (주 117 참조), 49-54; H. M. Yáñez, L'opzione preferenziale per i poveri, in: H. M. Yáñez (Hg.), *Evangelii gaudium: Il testo ci interroga* (주 23 참조), 249-260.

119　이는 G. Gutiérrez가 그의 저서 *Aparecida und die vorrangige Option für die Armen* (주 23 참조), 144-166에서 분명하게 밝힌 바 있다. 프란치스코 교황의 글들에 대한 상세한 분석: Th. Laubach/St. Wahl (Hg.), *Arme Kirche?* (주 117 참조), 37-45.

120　M.-D. Chenu, "L'Église des pauvres" à Vatican II, in: Conc 124 (1977) 75-80.

121　카타콤바 협정의 독일어 본문: Conc (D) 13 (1977) 262-263. 이에 대해 참조: Th. Fornet-Ponse, Für eine arme Kirche. Der Katakombenpakt von 1965 als Beispiel der Entweltlichung, in: StZ 230 (2012)

122　R. Morozzo della Rocca (Hg.), *Oscar Romero. Un vescovo centroamericano tra guerra fredda e rivoluzione* (Cinisello Balsamo 2003).

123　Aparecida 2007. Schlussdokument der 5. Generalversammlung des Episkopats von Lateinamerika und der Karibik (Stimmen der Weltkirche, 41) (2007) Nr. 8. 3.

124　『복음의 기쁨』 25; 83; 122; 124.

125　교황 요한 바오로 2세, 회칙 『사회적 관심』*Sollicitudo rei socialis*(1987) 42; 『백 주년』*Centesimus annus*(1991) 57; 교황 권고 「제삼천년기」Tertio millennio adveniente(1994) 51; 「새 천년기」 49. 교황 베네딕도 16세는 아파레시다에서 행한 개막식 연설에서 가난한 이들을 우선적으로 선택하는 일에 대해 언급했다. 참조: Art. Option für die Armen, in: LThK 6 (1998) 1078.

126　J. Erbacher, *Entweltlichung der Kirche?* (Freibrug i. Br. 2012).

127　K. Rahner, Theologie der Armut, in: ders., *Schriften zur Theologie*, Bd. 7 (Einsiedeln 1966) 435-478.

128　D. Bonhoeffer, *Widerstand und Ergebung. Briefe und Aufzeichnungen aus der Haft*. Hg. von E. Bethge u.a. (DBW 8) (Gütersloh 1998) 560-561; A. Delp, *Im Angesicht des Todes* (Frankfurt a. M. 1961) 139-140.

129　*Gemeinsame Synode der Bistümer in der Bundesrepublik Deutschland* (Freiburg i. Br. 1976) 105; 109-110. 참조: J. B. Metz, *Zeit der Orden? Zur Mystik und Politik der Nachfolge* (Freiburg i. Br. 1977) 48-63; 같은 저자, *Gottespassion. Zur Ordensexistenz heute* (Freiburg i. Br. 1991) 25-30.

130　K. Rahner, Die Unfähigkeit zur Armut in der Kirche, in: *Schriften zur Theologie*, Bd. 10 (Einsiedeln 1972) 520-530. 프랑스의 관점에서 본 교회의 가난에 대해 참조: Y. Congar, *Für eine dienende und arme Kirche* (Mainz 1965); Die Armut im christlichen Leben inmitten einer

Wohlstandsgesellschaft, in: Conc (D) 2 (1966) 343-354.

131 Th. Schmidt, Kirche im Auf-Bruch, in: Th. Laubach/St. Wahl (Hg.), *Arme Kirche?* (주 117 참조), 143-151.

132 P. Hünermann/J. C. Scannone (Hg.), *Lateinamerika und die katholische Soziallehre. Ein deutsch-lateinamerikanisches Dialogprogramm*, 3 Bde. (Mainz 1989-93). 이 주제에 대한 더 새로운 글들: S. Bernal, D. Alonso-Lasheras, H. M. Yáñez, in: H. M. Yáñez (Hg.), *Evangelii gaudium: Il testo ci interroga* (주 23 참조). 세분화된 입장: I. Pies, Papst Franziskus - kein Gegener des Marktes. Eine wirtschaftsethische Stellungnahme zu "Evangelii gaudium", in: StZ 139 (2014) 233-242.

133 Th. Laubach/St. Wahl (Hg.), *Arme Kirche?* (주 117 참조), 36. D. Alonso-Lasheras는 독일 언론 매체들에서 뽑은 인용구에 다른 여러 나라 신문에서 뽑은 인용구를 덧붙였다. 참조: D. Alonso-Lasheras, in: H. M. Yáñez (Hg.), *Evangelii gaudium: Il testo ci interroga* (주 23 참조).

134 이 '낙수 이론'에 대한 풍자로 '말똥 이론'이 제기된다. 곧, 말에게 귀리를 충분히 주기만 한다면 많은 말똥이 바닥에 떨어질 것이고 그렇게 되면 참새들도 말똥에 섞인 귀리를 쪼아 먹을 수 있을 것이라는 말이다.

135 로널드 레이건(1911~2004)은 1981년부터 1989년까지 미국의 대통령이었다.

136 『복음의 기쁨』 62; 145; 178; 182; 184; 190; 196; 198; 219; 221.

137 교황청 정의평화평의회가 발간한 『간추린 사회교리』; 『복음의 기쁨』 182-183; 190; 221; 240.

138 사회문제 해결의 열쇠인 노동에 대해 참조: 교황 요한 바오로 2세의 회칙 『노동하는 인간』 *Laborem exercens* (1981).

139 Art. Gastfreundschaft, in: LThK 4 (1995) 299-301.

140 비오 12세의 교황령 「피난 가정」 *Exul Familia* (1952); 요한 23세의 회칙 「지상의 평화」 12; 57; 바오로 6세의 교황 권고 「팔십 주년」 *Octogesima adveniens* (1971) 17.

141 R. M. Micallef, Il ritorno del linguaggio profetico sul tema dell'immi-

grazione, in: H. M. Yáñez (Hg.), *Evangelii gaudium: Il testo ci interroga* (주 23 참조), 235-247.

142   요한 바오로 2세의 회칙 『백 주년』 42.

143   베네딕도 16세의 회칙 『진리 안의 사랑』*Caritas in veritate* (2009) 6.

144   베네딕도 16세의 회칙 『진리 안의 사랑』 2 (『복음의 기쁨』 205에 인용됨). 참조: W. Kasper, *Barmherzigkeit* (주 59 참조), 187-188.

145   『복음의 기쁨』 183; 189; 219; 288 등. 프란치스코 교황은 이 문제를 2014년 11월 20일 세계식량기구에서 한 연설뿐만 아니라 2014년 11월 25일 유럽의회와 유럽평의회에서 한 연설들에서도 아주 상세하게 다루었다.

146   이런 비난이 옳지 않다는 사실은 교황이 2014년 11월 15일 이탈리아 의사협회에서 한 연설을 통해 증명된다.

147   P. Xalxo, Le orme ecologiche della nuova evangelizzazione, in: H. M. Yáñez (Hg.), *Evangelii gaudium: Il testo ci interroga* (주 23 참조), 261-274.

148   베네딕도 16세의 회칙 『진리 안의 사랑』 48; 2010년 세계 평화의 날에 제시한 메시지: "평화를 장려하고 싶거든 하느님께서 창조하신 세상을 보존하라."

149   *Papst Franziskus, "Und jetzt beginnen wir diesen Weg"* (주 4 참조), 42-46; 참조: 『복음의 기쁨』 215.

150   참조: J. M. Bergoglio/Francesco, *La bellezza educheà il mondo. Postfazione di V. Andreoli* (Bologna 2014); J. M. Bergoglio/Papst Franziskus, *Erziehen mit Anspruch und Leidenschaft* (Freiburg i. Br. 2014).

151   Th. Haecker, *Vergil. Vater des Abendlandes* (1931) (München 1947); H. U. Balthasar, *Der antirömische Affekt* (Einsiedeln 2. Aufl. 1989) 272-287; J. Jorendt u. a. (Hg.), *Rom - Nabel der Welt. Macht, Glaube, Kultur von der Antike bis heute* (Darmstadt 2010).

152   교황 비오 12세가 이미 유럽과 관련된 일에 지대한 관심을 가지고 있었다. 참조: 바오로 6세의 교황 권고 「평화의 사도」Pacis nuntius(1964).

이 권고에서 바오로 6세는 서방 수도생활의 아버지인 누르시아의 베네딕도를 유럽의 수호성인으로 선포했다; 요한 바오로 2세는 특히 교황 권고인「유럽 교회」Ecclesia in Europa(2003)에서 유럽에 대한 지대한 관심을 표명했다. 베네딕도 16세는 유럽의 유산에 대해서뿐 아니라 유럽이 처한 위기, 곧 유럽이 자기의 영혼을 잃어버릴 위기에 처해 있다는 점에 대해서도 여러 차례 의견을 제시했다. 참조: C. Sedmak/St. O. Horn (Hg.), *Die Seele Europas, Papst Benedikt XVI. und die europäische Identität* (Regensburg 2011).

153 2014년 11월 25일 프란치스코 교황이 스트라스부르의 유럽의회에서 한 연설.

154 '초월적인 존엄성'이라는 개념은 올바로 이해되어야 한다. 이것이 뜻하는 존엄성은 인간에게 인간으로서 주어진 존엄성이다. 이 존엄성은 인간이 자기 자신에게 스스로 주는 것이 아니며, 사회와 국가 혹은 정당에 의해 주어지는 것도 역시 아니다. 그렇기 때문에 이 존엄성은 양도될 수 없다. 근본적으로 볼 때 이 말은 성경이 인간을 하느님의 모상이라고 칭할 때 말하고자 하는 바를 세속적으로 번역한 것이다.

155 프란치스코 교황이 스트라스부르 유럽의회에서 한 연설 (주 153 참조).

156 2014년 11월 25일, 프란치스코 교황이 유럽평의회에서 한 연설.

157 2014년 11월 27일, 스트라스부르에서 돌아온 직후 교황은 대도시 사목에 대한 국제회의에서 행한 연설에서 이렇게 말했다. 이 세속성(Laizität)은 종교와 교회에 적대적인 세속주의(Laizismus, 혹은 불어로 laicité)와 혼동되어서는 안 된다. 세속성은 제2차 바티칸공의회와 함께(「기쁨과 희망」36; 41; 56; 76; AA 7) 문화와 국가의 합법적인 자율성을 인정하고 존중하며, 종교 자유에 관한 공의회의 선언인「인간 존엄성」Diginitatis humanae과 함께 그리스도교가 진리를 선포한다는 믿음을 포기하지 않으면서, 문화와 종교의 다수성을 인정하고 존중한다. 그러나 세속성은 세속주의와는 달리 이로부터 그 어떤 적대적이거나 방관자적인 자세를 끌어내지 않는다. 그보다도 세속성은 대화와 협력 그리고 서로를 풍요롭게 하는 자세를 바탕으로 하는 긍정적이고 건설적인 관계

를 이끌어 낸다(「기쁨과 희망」 40; 76).

158 프란치스코 교황이 유럽의회에서 한 연설 (주 156 참조). 수학과 지질학에서 나온 '상호 연계성' 혹은 '횡단성'(Transversalität)이라는 개념은 오늘날 경제학(환율 이론), 사회학, 정치학, 심리학뿐만 아니라 미학과 현대 미디어 이론에서도 사용되고 있다. 전 세계가 강하게 밀착된 현대에서는 세계의 다원성을 더 이상 회피할 수 없다. 그렇기 때문에 상호 연계성은 철학에서 근본적으로 중요한 개념이 되었다. 인종과 문화, 종교 등이 서로 다른 집단들 사이에서 현명한 의사소통과 창의적인 상호 관계가 이루어져야 한다는 이론에 이 개념이 사용된다. 상호 연계성의 중요성을 강조하는 사람들은 포스트모더니즘이 내세우는 무슨 일이든 다 허용된다(anything goes)라는 모토가 초래한 상대주의와 상호 간의 무관심을 기피하려고 노력한다. 그들은 또한 서구의 모더니즘이 가진 신식민주의적이고 유럽 중심적인 배타성과 일방적으로 규범을 정하려는 경향 역시 기피한다. 상호 연계성은 초현대적인 이성 개념으로 독자성과 다원성을 건설적으로 연결시키며 그렇게 하여 창의적인 공동생활과 공동 작업을 가능하게 한다. 이런 공동의 노력 안에서는 각 문화와 종교의 독자성이 존중되며 이와 동시에 다른 문화와 종교와의 만남 가운데서 그 독자성이 더 풍요해진다. 이 접근 방식은 라틴아메리카에서 특히 아르헨티나 출신인 E. Dussel에게서 찾아볼 수 있다: E. Dussel u.a., *Der Gegendiskurs der Moderne. Kölner Vorlesungen* (Wien 2012). 독일어권에서는 W. Welsch의 다음과 같은 저서들을 참조하라고 권하고 싶다: *Unsere postmoderne Moderne* (Weinheim 1987); *Vernunft. Die zeitgenössische Vernunftkritik und das Konzept der transversalen Vernunft* (Frankfurt a. M. 1995).

159 R. Brague가 역사에 대한 깊고 광범위한 지식을 바탕으로 제시하는 연구 참조: *Europa. Eine exzentrische Identität* (Frankfurt/New York 1993).

160 바오로 6세는 회칙 「주님의 교회」 Ecclesiam suam(1964)와 교황 권고 『현대의 복음 선교』에서 신앙과 문화의 관계에 대해 관심을 기울였고, 요한 바오로 2세는 회칙 「신앙과 이성」 Fides et ratio(1998)에서 신앙과 지

식의 관계에 대해 특별한 관심을 기울였다. 그리고 이 문제는 베네딕도 16세에게 완전히 근본적인 관심사가 되었다. 무엇보다도 2006년 9월 12일 그가 레겐스부르크에서 행한 신앙과 이성에 대한 강연에서 이 점이 분명하게 드러났다.

161 프란치스코 교황이 유럽평의회에서 한 연설 (주 156 참조).
162 프란치스코 교황이 유럽평의회에서 한 연설 (주 156 참조).
163 프란치스코 교황이 유럽의회에서 한 연설 (주 153 참조).
164 A. Riccardi, *Franziskus - Papst der Überraschungen* (주 3 참조), 235.
165 A. Riccardi, *Franziskus - Papst der Überraschungen* (주 3 참조), 241.

성경 색인

창세
4,9 **124**
18,1-15 **124**

탈출
34,6 **54**

시편
103,8 **54**
111,4 **54**

지혜
19,13-17 **124**

이사
58,7 **124**

호세
6,6 **54**
11,8-9 **54**

마태
5,3 **109 116**
 7 **54**
 20 **59**
 43 **50**
9,13 **54**
12,1-8 **58**
 7 **58**
 9-14 **58**
13,22 **109**
17,19 **147**
21,21 **147**
22,34-40 **50**
25,31-45 **55**
 35 **124**
 40 **75**

마르
10,2-12 **73**

루카
6,20 **109**

  36 **60**
10,25-37 **54 60**
15,11-32 **54**

요한
14,6 **15**
16,13 **27**

사도
2,44 **110**
15장 **83**
19,9 **15**
  23 **15**

로마
12,2 **24**
  13 **124**
13,8-10 **50**
14,17 **44**
15,13 **44**
  26 **110**

1코린
1,21-25 **145**
12,10 **24**

2코린
1,3-5 **76**
7,10 **43**

8,9 **109**

갈라
2,10 **110**
5,14 **50**

에페
2,4 **54**

필리
2,6-7 **109**

1테살
5,21 **24**

히브
13,2 **124**

1요한
4,1 **24**
  8 **55**
  16 **55**

묵시
2,7 **72 85**
  11 **72 85**
  17 **72 85**
  29 **72 85**

후기

이 책은 뮌헨에 있는 바이에른 가톨릭 아카데미와 빈 대학 그리고 프랑크푸르트의 상트 게오르겐 신학대학 등에서 한 강연과 로마의 센트로 프로 우니오네Centro Pro Unione와 미국 워싱턴의 가톨릭 대학에서 영어로 한 강의들을 손질하여 펴낸 것이다. 이 자리에서 미국 가톨릭 대학이 내게 요한네스 크바스텐 상Johannes Quasten Award을 수여한 데 대해 다시 한 번 심심한 감사의 마음을 표하고 싶다.

프란치스코 교황 즉위 2주년에 맞춰 발간하기 위해 원고는 2014년 12월 첫째 주에 완성되었다. 따라서 그 후에 발표된 저서와 연설 그리고 사건 등은 참고할 수 없었다.

카톨리셰스 비벨베르크 출판사와 원고를 읽고 편집해 준 울리히 산더 박사에게 감사한다.

2015년 주님 공현 축일
알고이 방엔에서 발터 카스퍼